Formação continuada
de professores

I32f   Imbernón, Francisco.
       Formação continuada de professores / Francisco Imbernón ;
       tradução Juliana dos Santos Padilha.– Porto Alegre : Artmed, 2010.
       120 p. ; 23 cm.

       ISBN 978-85-363-1986-5

       1. Educação – Formação de professores. I. Título.
                                                              CDU 37

Catalogação na publicação: Renata de Souza Borges CRB-10/1922

Formação continuada de professores

Francisco Imbernón

Doutor e Mestre em Filosofia e
Ciências da Educação. Catedrático de Didática e
Organização Educacional da Universidade de Barcelona

Tradução
Juliana dos Santos Padilha

Consultoria, supervisão e revisão técnica desta edição
Maria da Graça Souza Horn
*Pedagoga. Doutora em Educação pela
Universidade Federal do Rio Grande do Sul*

Obra originalmente publicada sob o título
10 ideas clave: La formación permanente del professorado – nuevas ideas para formar en la innovación y el cambio

ISBN 978-84-7827-502-1
©Francisco Imbernón

©Editorial GRAÓ, de IRIF, S.L.
All rights reserved. This translation published under license.

Capa: Gustavo Macri

Preparação de originais: Maria Rita Quintella

Leitura final: Cristine Henderson Severo

Editora sênior/Ciências humanas: Mônica Ballejo Canto

Editora responsável pela obra: Carla Rosa Araújo

Editoração eletrônica:
Projeto gráfico
DG&D Artmed

Reservados todos os direitos de publicação, em língua portuguesa, à ARTMED® EDITORA S.A.
Av. Jerônimo de Ornelas, 670 – Santana
90040-340 Porto Alegre RS
Fone (51) 3027-7000 Fax (51) 3027-7070

É proibida a duplicação ou reprodução deste volume, no todo ou em parte, sob quaisquer formas ou por quaisquer meios (eletrônico, mecânico, gravação, fotocópia, distribuição na Web e outros), sem permissão expressa da Editora.

SÃO PAULO
Av. Angélica, 1091 - Higienópolis
01227-100 São Paulo SP
Fone (11) 3665-1100 Fax (11) 3667-1333

SAC 0800 703-3444

IMPRESSO NO BRASIL
PRINTED IN BRAZIL
Impresso sob demanda na Meta Brasil a pedido de Grupo A Educação.

Sumário

APRESENTAÇÃO 7

1. É NECESSÁRIO CONHECER DE ONDE VIEMOS PARA SABER AONDE VAMOS 13

2. APRENDEMOS MUITO, MAS AINDA HÁ MUITO PARA AVANÇAR 27

3. É PRECISO NOS ADEQUARMOS ÀS NOVAS IDEIAS, POLÍTICAS E PRÁTICAS PARA REALIZAR UMA MELHOR FORMAÇÃO CONTINUADA DE PROFESSORES 39

4. A FORMAÇÃO CONTINUADA DEVE AGIR SOBRE AS SITUAÇÕES PROBLEMÁTICAS DOS PROFESSORES 53

5. NA FORMAÇÃO É NECESSÁRIO ABANDONAR O INDIVIDUALISMO DOCENTE A FIM DE CHEGAR AO TRABALHO COLABORATIVO 63

6. PROFESSORES SUJEITOS DE SUA FORMAÇÃO E COM IDENTIDADE DOCENTE 77

7. A FORMAÇÃO DEVE CONSIDERAR A COMUNIDADE 85

8. SERÁ PRECISO PASSAR DA ATUALIZAÇÃO À CRIAÇÃO DE ESPAÇOS DE FORMAÇÃO 93

9. COMO A SOCIEDADE E A EDUCAÇÃO, A FORMAÇÃO DEVE SE BASEAR NA COMPLEXIDADE 99

10. A FORMAÇÃO CONTINUADA DE PROFESSORES DEVE ASSUMIR O DESENVOLVIMENTO DAS ATITUDES E DAS EMOÇÕES 107

EPÍLOGO 112

GLOSSÁRIO 114

REFERÊNCIAS 117

Apresentação

Jovem professor, estou pregando uma arte difícil, que é controlar sem preceitos e fazer tudo sem fazer absolutamente nada.

(Jean Jacques Rousseau em *Emílio ou a educação*)

POR QUE ATUALMENTE É NECESSÁRIO DESENVOLVER UMA NOVA PERSPECTIVA NA FORMAÇÃO CONTINUADA DE PROFESSORES?

Pode ser ou parecer que o título desta seção seja excessivamente ambicioso. Pode refletir mais que o estado do campo de conhecimento da formação continuada: pode refletir meu estado de ânimo. Ainda assim, não posso evitar dar uma resposta positiva à pergunta que intitula esta apresentação, pensando e refletindo que uma mudança nas políticas e nas práticas[1] da **formação continuada de professores**[2] é necessária. Existem muitas coisas que funcionam, e não nego que se avançou bastante, mas, sob meu ponto de vista, os últimos anos da formação continuada de professores, e, sendo mais específico, desde princípios do século XXI, significaram um retrocesso ou, para ser mais benevolente ou exato, um estancamento, certa nostalgia para alguns, preocupação para outros e certo desconforto sobre o tema para a maioria. Muitas das teorias, práticas e estruturas da etapa anterior mantiveram-se (refiro-me, sobretudo, às contribuições teóricas e práticas sobre o pensamento docente, o professor reflexivo, a criação de centros de professores* ou similares, planos territoriais, modalidades de formação, formação em centros, processos de pesquisa-ação**, etc.), mas

---

*N. de T. Na Espanha, são as instituições de formação continuada de professores do ensino público não superior, assim como dos funcionários que realizam tarefas educacionais em serviços técnicos de apoio aos docentes.

** N. de T. Segundo a definição de Michel Thiollent (*Metodologia de pesquisa-ação*. São Paulo: Cortez, 1985), é a pesquisa concebida e realizada em estreita associação com uma ação ou resolução de um problema coletivo. Os pesquisadores e participantes que representam a situação ou o problema estão envolvidos de modo cooperativo ou participativo. Disponível em: <www.burle.arquit.ufpr.br/~alschmid/TA053/TA053_ 07_2005.ppt>.

a sua atividade foi se reduzindo, e poucas coisas novas foram aparecendo.

Os últimos 30 anos do século XX nos deixaram como herança significativos avanços na formação continuada: a crítica rigorosa à racionalidade técnico-formadora; uma análise dos modelos de formação; a crítica à organização dos responsáveis pela formação; a potencialização da formação de assessores do processo; a análise das modalidades que implicam uma maior ou menor mudança; a formação próxima às instituições educacionais; os processos de pesquisa-ação como procedimento de desafio e crítica e de ação-reflexão para a mudança educacional e social, com um professor-pesquisador teórico; um maior conhecimento da prática reflexiva, dos planos de formação institucionais, além de uma maior teorização sobre a questão. Trata-se de conceitos que ainda aparecem principalmente em papéis (e, com certeza, alguns deixo de mencionar), e, embora passem longe de muitos pontos da prática formadora, permanecem na letra impressa.

Ninguém pode negar que os contextos sociais e educacionais que condicionam todo ato social e, portanto, a formação, mudaram muito. Embora se fale mais disso agora, sempre ocorreram mudanças. Todas as gerações tiveram a sensação de que as mudanças foram vertiginosas, mas, com certeza, nas últimas décadas elas foram bruscas e deixaram muitas pessoas na ignorância, no desconserto e, por que não, em uma nova pobreza material e intelectual. Muitas delas eram incipientes, quando no século passado institucionalizou-se, na maioria dos países, a formação continuada. Mudanças como a nova economia; a globalização, apesar de preferir o conceito de "mundialização" pela perversão do outro termo, aplicado quase sempre à economia e ao mercado; a tecnologia que apontou com grande força em todos os âmbitos da cultura e na comunicação; a mistura de outras culturas ou o conhecimento delas; a constante discriminação feminina; todos esses fatores invadiram o contexto social, etc. Se focarmos no campo do professor, poderemos perceber uma falta de delimitação clara de suas funções, que implica a demanda de soluções dos problemas derivados do contexto social e o aumento de exigências e competências no campo da educação, com a consequente intensificação do trabalho educacional – o que coloca a educação no ponto de vista das críticas sociais e educativas.

Tudo isso não se soluciona com um tipo de formação continuada que, apesar de tudo e de todos, persiste em um processo composto de lições-modelo, de noções oferecidas em cursos, de uma ortodoxia do ver e do realizar a formação, de cursos padronizados ministrados por especialistas – nos quais o professor é um ignorante que assiste a sessões que o "culturalizam e iluminam" profissionalmente ("estupidez" que diria Macedo (1994), e eu acrescentaria: "estupidez formadora"). Deixa-se de lado o que se vem defendendo há algum tempo: processos de pesquisa-ação, atitudes, projetos relacionados ao contexto, participação ativa dos professores, autonomia, heterodoxia didática, diversas identidades docentes, planos integrais, criatividade didática, etc.

No entanto, quero fazer uma prévia antes da aventura que será a leitura deste livro, para não passar por ingênuo. Tenho consciência de que, atualmente, não podemos falar nem propor alternativas à formação continuada sem antes analisar o contexto político-social como elemento imprescindível na formação, já que o desenvolvimento dos indivíduos sempre é produzido em um contexto social e histórico determinado, que influi em sua natureza. Isso implica analisar o conceito da profissão docente, a situação de trabalho e a carreira docente, a situação atual das instituições educacionais (normativa, política e estrutural, entre outras), a situação atual da educação básica, nas etapas da educação infantil, dos ensinos fundamental e médio, uma análise do corpo discente atual e da situação da infância e da adolescência nas diversas etapas da escolaridade total da população em alguns países.

Não podemos separar a formação do contexto de trabalho, porque nos enganaríamos em nosso discurso. Ou seja, tudo o que se explica não serve para todos nem se aplica a todos os lugares. O contexto condicionará as práticas formadoras, bem como sua repercussão nos professores, e, sem dúvida, na inovação e na mudança.

Além disso, declaro que não desenvolvi, especificamente, ideias sobre a importância das tecnologias da informação e sobre a **ação comunicativa** na atividade de formação docente. Eu o fiz adequadamente, pensando que aqui inundariam todas as ideias que cada vez mais estão introduzidas em nossa vida pessoal e profissional, as quais já fazem parte da estrutura social e profissional e que são instrumentos necessários para a sociedade atual e elementos importantes na formação (mais adiante vamos tratar delas, em uma parte dedicada à comunidade ao abordar as redes). Talvez seja um pensamento errado, mas, se assim é, deixo-o a outros analistas.

Acabo esta apresentação com a ideia de que, apesar de nem tudo ter funcionado, muitas coisas deram certo, sim, e talvez esta época seja um começo de novos tempos para o professor e sua formação, e tenhamos a oportunidade de gerar novos processos para o futuro. Eis um objetivo deste livro: produzir uma reflexão sobre essa mudança.

Escolhi 10 temas, poderiam ser muitos mais. Escolher 10 temas tem suas vantagens e desvantagens. Uma das vantagens é que obriga o leitor a sintetizar e a escolher o que julga essencial. A desvantagem é a repetição, sobretudo quando se tenta resumir com propostas em uma seção que denominei "O que fazer na prática da formação?". Como se pode verificar, algumas propostas são intercambiáveis na abordagem de diversos temas deste livro. Situá-las em um lugar ou em outro foi resultado de uma tomada de decisão. A estrutura da obra também foi um fator condicionante, mas peço ao leitor que seja compreensivo e veja o texto como um conjunto de ideias e propostas globais que pretendem melhorar a formação continuada de professores.

PERGUNTAS E RESPOSTAS SOBRE A FORMAÇÃO CONTINUADA DE PROFESSORES

1. De onde viemos e para onde vamos?
   É necessário conhecer os elementos da herança formadora que nos permitam continuar construindo e oferecer alternativas de inovação e mudança às políticas e práticas de formação. Ninguém pode negar que a realidade social, o ensino, a instituição educacional e as finalidades do sistema educacional foram evoluindo e que, como consequência, o professor deve sofrer uma mudança radical em sua forma de exercer a profissão e em seu processo de incorporação e formação.
2. O que aprendemos?
   Atualmente, existem evidências quase inquestionáveis para todos aqueles que, de uma forma ou de outra, dedicam-se à formação continuada de professores. Conhecê-las implica analisar os acertos e os erros e ter consciência de tudo o que nos resta conhecer e avançar.
3. Quais são as novas ideias e práticas para uma formação de professores em uma nova época?
   Considerando nossa aprendizagem, devemos olhar para a frente. A teoria e a prática da formação, seus planos, suas modalidades e estratégias, seu processo, etc. devem ser introduzidos em novas perspectivas. Por exemplo, as relações entre os professores, as emoções e as atitudes, a complexidade docente, a mudança de relações de poder nos cursos de formação, a autoformação, a comunicação, a formação com a comunidade, a influência da sociedade da informação.

4. É possível passar do problema à situação problemática?
   A formação *standard* aplicada à formação docente tenta dar respostas *de forma igual* a todos, a partir da solução de problemas genéricos. A formação clássica é a constituição de problemas, mas na formação continuada não há problemas genéricos, apenas situações problemáticas. Passar de uma a outra oferecerá uma nova perspectiva de formação.
5. Como superar o individualismo para chegar ao trabalho cooperativo?
   A profissão de docente tem sua parte individual, mas também necessita de uma parte cooperativa. Educar na infância e na adolescência requer um grupo de pessoas (para não mencionar a famosa frase indígena "necessita de todo um povo para ser educado"). Portanto, a formação continuada, para desenvolver processos conjuntos e romper com o isolamento e a não comunicação entre professores, deve considerar a formação cooperativa.
6. Sou objeto da formação ou sujeito da formação com uma **identidade docente**?
   A formação continuada de professores passa pela condição de que estes vão assumindo uma identidade docente, o que supõe a assunção do fato de serem sujeitos da formação, e não objetos dela, como meros instrumentos maleáveis e manipuláveis nas mãos de outros.
7. Como se passa da formação isolada à comunitária?
   É preciso superar a antinomia família-comunidade-professor. O que existe fora da instituição educacional deve ser um aliado, não um inimigo. A formação conjunta com a comunidade perfila-se, nos diversos contextos educativos e sociais, como uma das alternativas às difíceis situações problemáticas da educação atual e, principalmente, à exclusão social de uma parte da humanidade.
8. Atualizar ou criar espaços de formação?
   A tradição de preparação dos formadores ou dos planos de formação consiste em atualizar e culturalizar os professores em conhecimentos de qualquer denominação ou tipologia. A formação continuada dos professores, mais do que atualizá-los, deve ser capaz de criar espaços de formação, de pesquisa, de inovação, de imaginação, etc., e os formadores de professores devem saber criar tais espaços para passarem do ensinar ao aprender.

9. Trabalha-se na simplicidade ou na complexidade da formação? A tarefa docente sempre foi complexa, mas nas últimas décadas tal complexidade aumentou muito. A formação deve deixar de trabalhar a partir de uma perspectiva linear, uniforme e simplista para se introduzir na análise educativa a partir de um pensamento complexo, a fim de revelar as questões ocultas que nos afetam e, assim, tomar decisões adequadas.
10. Ser frio e distante ou agir e demonstrar emoções? A cultura profissional dos professores, caracterizada pelo distanciamento, pela frieza e pelo ocultamento das emoções e da naturalidade do ser humano, se refletiu no trabalho conjunto dos mesmos com os alunos. A formação deve ser mais dinâmica no seu processo e na sua metodologia, permitindo mostrar as diferentes emoções, para que os docentes possam melhorar a comunicação, conviver nas instituições educacionais e transmitir essa educação aos alunos.

NOTAS

1. Entende-se, ao longo de todo este livro, que o conceito de "prática formadora" é a atividade de produção e reprodução de formas de entender a formação, na qual o professor estabelece relações mútuas e formas de interpretar a educação.
2. Todos os termos que aparecem em negrito podem ser encontrados no glossário deste livro.

É necessário conhecer de onde viemos para saber aonde vamos

É necessário conhecer os elementos da herança formadora que nos permitam continuar construindo e oferecer alternativas de inovação e mudança às políticas e práticas de formação. Ninguém pode negar que a realidade social, o ensino, a instituição educacional e as finalidades do sistema educacional evoluíram e que, como consequência, os professores devem sofrer uma mudança radical em sua forma de exercer a profissão e em seu processo de incorporação e formação.

A história é um processo sem sujeito nem fins.
(Louis Althusser)

Caracteriza, em minha opinião, a nossa época a perfeição de meios e a confusão de fins.
(Albert Einstein)

Houve um avanço no conhecimento teórico e na prática da formação continuada do professor, não podemos negar, e levamos poucos anos (comparado com outras disciplinas ou temáticas educativas) analisando, pesquisando e escrevendo sobre isso.[1] Refiro-me tanto às análises teóricas quanto às práticas de formação. Seria possível argumentar que a preocupação de formar professores, a formação inicial, é muito mais antiga. Assim, a formação inicial de professores foi exercida, de uma forma ou de outra, desde a Antiguidade, desde o momento em que alguém decidiu que outros educariam os seus filhos e esses outros tiveram que se preocupar em fazê-lo. Mas a inquietação de saber como (na formação inicial e principalmente na continuada), de que maneira, com quais conhecimentos, com quais modelos, quais modalidades de formação são mais inovadoras e, sobretudo, a inquietação de ter a consciência de que a teoria e a prática da formação devem ser revisadas e atualizadas nos tempos atuais é muito mais recente.

Se nos inserirmos na formação continuada, podemos constatar que o conhecimento que tem se criado sobre ela, nos últimos 10 anos, nasce em uma época de vertiginosas mudanças, na qual tudo que nasce é criado, projetado, etc., começando a ser obsoleto e ultrapassado no momento em que surge. Isso nos impõe uma constante reconceitualização, isto é, uma reflexão de zonas intermediárias da prática, como a singularidade, a incerteza e o conflito de valores (Schön, 1992), além de uma indagação constante sobre a formação do professor, seja inicial ou continuada. É nesse âmbito que surgem os problemas, uma vez que é mais fácil se basear em aspectos antigos, mesmo funcionando bem ou mal, a se arriscar na apresentação de temas novos, embora necessários.

Se analisarmos a maioria dos estudos sobre a formação continuada, constataremos que esses foram se movendo de uma fase descritiva, com muitos textos sobre a temática, para uma mais experimental, sobretudo devido ao auge e à difusão dos cursos de formação ou similares e ao interesse político (ou intervencionista) sobre o tema, que foi aumentando e que se reflete nas políticas institucionais, nas pesquisas e nas publicações. Durante os anos de 1980, 1990 e 2000, realizaram-se centenas de programas de formação continuada de professor, cuja análise rigorosa desqualifica alguns, mas mostra que outros apresentam novas propostas e reflexões que podem ajudar a construir o futuro dessa formação.

No entanto, já não estamos nos últimos 30 anos do século XX, período em que muito se avançou, mas, sim, no século XXI. São tempos diferentes para a educação e para a formação. Com a chegada do século XXI, é como se faltasse algo que fizesse voltar a tomar impulso, mas isso também pode ser a minha perspectiva. Quando olho em volta dos pátios das escolas, dos institutos ou dos cafés das universidades, vejo pouca mudança, uma maior desmobilização do setor educacional: as revistas educativas vendem menos e reduzem tiragens, assim como outras publicações de caráter pedagógico. Esses fatos levam a pensar que muitos dos que se dedicam ao nobre ofício do ensino não leem, pelo menos não o suficiente. Além disso, muitos educadores que formam professores e formadores de opinião desapareceram do mapa profissionalizante e divulgador: atos, jornadas, congressos, debates, entre outros. Alguns, já em idade avançada, acreditaram na última reforma, a da década de 1990, e cansados de mostrar sua desconformidade já não falam, ou se isolam com a pré-aposentadoria, nos escritórios de qualquer administração ou nas cômodas aulas de universidades. Outros, que dizem que já advertiam, concentram-se em suas coisas (a maioria era e é docente universitário) ou fazem críticas destrutivas contra tudo (agora podem fazer sem serem tachados de conservadores, sendo possível até acontecer o contrário). Alguns se vendem ao poder midiático ou político do ensino, apoiando com sua presença, com seu silêncio suspeito ou com seus relatórios técnicos os que atualmente administram a educação do país correspondente – o que implica desde políticas conservadoras até liberais. Poucos persistem em sua função; outros a fazem de forma tão profunda que não se desprendem dela, ancorando-se no exercício da crítica feroz; e outros poucos ainda acreditam que coisas boas podem ser feitas e que tempos melhores virão. Também em numerosas partes deste planeta pode-se fazer pouco, já que muitos educadores encontram-se ainda em situação de pobreza. Como dizia um poeta,[2] o nível cultural de um país é medido pelo salário de seus professores, e muitos países têm um nível cultural excessivamente baixo em que seus docentes são mal pagos.

Não obstante, cabe constatar que tantas coisas necessárias e tanta análise desorientam, e tal desorientação (ao menos sofrida por mim) tem sua causa no fato de que, buscando alternativas, avançamos pouco no terreno das ideias e nas práticas políticas, com o objetivo de compreender o que significa uma formação baseada na liberdade, na cidadania e na democracia.

É difícil, com um pensamento educacional único predominante (currículo igual, gestão idêntica, normas iguais, formação igual para todos, etc.), desmascarar o currículo oculto que se transmite na formação do professor e descobrir outras maneiras de ver a educação e interpretar a realidade. A educação e a formação docente devem romper essa forma de pensar que leva a analisar o progresso e a educação de uma maneira linear, sem permitir integrar outras formas de ensinar, de aprender, de se organizar, de ver outras identidades sociais e manifestações culturais, de se escutar e de escutar outras vozes, sejam marginalizadas ou não. Mais adiante exercitaremos isso.

Para onde nos levam os tempos passados?

Aqui, interessa-me fazer uma reflexão que ajude a compreender o discurso atual da formação do professor e que permita não apenas pensar, mas também gerar alternativas de futuro. Não é objeto desta reflexão questionar as partes ocultas da formação, mas sim visualizar o que considero importante nas etapas em que divido esta pequena genealogia da formação. Tais etapas são:

- Até os anos de 1970: início.
- Anos de 1980: paradoxo da formação. O auge da técnica na formação e a resistência prática e crítica.
- Anos de 1990: introdução da mudança, apesar de tímida.
- Anos 2000 até a atualidade: busca de novas alternativas.

Até os anos de 1970: início

Nos anos de 1970, numerosos estudos foram realizados para determinar as atitudes dos professores em relação aos programas de formação continuada.

Embora consciente da superficialidade e da falta de rigor que supõe situar qualquer temática em tão longo período, porque em qualquer época sempre se produzem muitas idas e vindas históricas e educacionais, o que pretendo propor é que, na maioria dos países latinos, a análise da formação do professor como campo de conhecimento não começa a se desenvolver até por volta da década de 1970, quando se realizou toda uma série de estudos para determinar as atitudes dos professores em relação aos programas de formação continuada. Na maioria dos estudos, analisava-se a importância da participação docente nos processos de planejamento das atividades de formação. Começava o que Sparks e Loucks Horsley (1990) chamavam "o início da era da formação continuada", que culminaria nos anos de 1980.

A necessidade de formação em aspectos diferentes das que eram propostas pelas administrações ou universidades foi muito importante e ajudou no questionamento de muitos aspectos educacionais.

Os esforços anteriores, protagonizados por algum grupo ou instituição, são fatos esporádicos, renovadores ou conservadores, que não tiveram uma repercussão institucional na profissão, embora tivessem, sim, um impacto importante, o qual será tratado adiante. No entanto, nem por isso podemos dizer que qualquer época passada foi pior. As experiências e as contribuições de Dewey, Freinet, Montessori e dos professores seguidores de sua pedagogia eram praticadas em muitas escolas. Os cursos, seminários, as oficinas que de forma quase clandestina se organizavam sobre sua filosofia educativa ou sobre suas técnicas, os movimentos sindicais, políticos e de renovação pedagógica, alguns pedagogos locais, a influência de algumas revistas pedagógicas, a função assumida por determinadas instituições educacionais, etc., ressaltaram a importância e a transcendência da formação do professor para uma verdadeira mudança da instituição educacional, que ainda estava presa a posições autoritárias, classistas, uniformizadoras e seletivas. A **necessidade de formação** em aspectos diferentes daquelas que eram propostas pelas administrações ou universidades era premente, o que ajudou no questionamento de muitos aspectos educacionais.

Foram tempos em que se institucionalizou a formação inicial de professores, formação essa que nasceu pobre e desvalida mais de um século antes e que se desenvolveu separadamente (professores e professoras), exceto em breves épocas. A década de 1970 foi um tempo em que a formação continuada viveu o predomínio de um *modelo* individual de formação: cada um buscava para si a vida formativa, ou seja, primava-se pela formação inicial, que era melhor ou pior segundo a época e o território, e se aplicava à formação continuada a ideia "forme-se onde puder e como puder". Esse modelo caracterizava-se por ser um processo no qual os mesmos professores "se planejavam" e seguiam as atividades de formação que acreditavam que lhes poderiam facilitar algum aprendizado.

Foi uma época na qual inquietos estudantes e professores liam velhos e novos autores, alguns proibidos e publicados no exterior, de movimentos espontâneos de professores, de escolas de verão meio clandestinas e do nascimento de instituições, a maioria delas universitárias, dedicadas à formação.

Apesar das pequenas épocas gloriosas (diríamos que mais gloriosas do que realmente foram, devido à tendência de mitificar o passado), formavam-se poucos professores, possuíam o monopólio de um pequeno saber que durava toda a sua vida profissional. No entanto, temos de valorizar o esforço desses grupos renovadores que se comprometeram em cursos, em jornadas e com revistas, dando um vigor às práticas educacionais. Algumas dessas iniciativas ainda sobrevivem ou foram a semente de frutos posteriores.

Anos de 1980: paradoxo da formação. O auge da técnica na formação e a resistência prática e crítica

No início dos anos de 1980, a sociedade espanhola, com muito atraso em relação a outros países, consegue a escolarização total da população, fato que sucede em um contexto de desenvolvimento industrial e de emigração para as grandes cidades. Este e outros aspectos sociológicos sugerem uma mudança na escola, já que as salas de aula se enchem e os professores assumem um novo papel. O trabalho docente nas escolas de graduação obriga os educadores a considerarem uma forma diferente de trabalhar. São introduzidos elementos técnicos, como planejamento, programação, objetivos bem redatados, avaliação, etc., que terão sua difusão na etapa seguinte. Além disso, luta-se contra o analfabetismo, próprio de muitas camadas da população.

À época, a formação inicial adquire nível universitário, a partir de uma reforma neocapitalista. Embora tudo isso tenha ocorrido na década de 1970, muitos anos tiveram que passar para haver uma verdadeira integração na cultura da universidade. O país integra-se em um processo social e econômico que apresenta diferenças significativas em relação a épocas anteriores.

Para se adequar a essa reforma, as universidades começam a criar programas de formação continuada de professores, que são situados, em sua maioria, em modalidades de treinamento e de práticas dirigentes próprias do modelo de observação/avaliação (como o microensino mediante circuitos fechados de televisão, os programas de minicursos, a análise de competências técnicas, entre outros), e não na perspectiva em que a reflexão e a análise são meios fundamentais para a formação. Isso acontecerá muito tempo depois, e alguns que defendiam com entusiasmo o autoritarismo desta época se convencerão, de forma vergonhosa, da nova linguagem. A observação do ensino pelo próprio professor e por outros passa a facilitar a obtenção de dados pelo docente, os quais geram reflexão e análise a fim de favorecer a aprendizagem dos alunos. Mesmo assim, a racionalidade que vai existir por trás é a dirigente.

Trata-se de uma época predominantemente técnica e de rápido avanço do autoritarismo sem alternativa e com o aval de gurus racionalistas. Época na qual o **paradigma** da racionalidade técnica nos invade e contamina, na qual a busca das competências do bom professor para serem incorporadas a uma formação eficaz é o principal tópico de pesquisa na formação continuada docente. Mas também é um período paradoxal, de crise de valores (também se fala de crise ecológica e política), que anuncia uma nova época que vai chegando pouco a pouco, mediante vozes e leituras alternativas:

> Na sociedade e nas escolas, vão se introduzindo elementos da pós-modernidade, como é o caso da discussão dos grandes metarrelatos, que até esse momento haviam permanecido inalterados (liberdade, fraternidade, solidariedade, igualdade, etc.). A pós-modernidade[3] ia avançando com seus componentes negativos e positivos.
> Aumenta o compromisso de educar a todos em uma escolarização total da população.
> As administrações educacionais começam a considerar a educação em termos de custo-benefício, examinando a rentabilidade do gasto público em educação sob um modelo tecnocrata.
> Existe muitas diferenças sociais, desigualdades crescentes e um maior abandono na educação por parte da população escolarizada.
> Começa-se a questionar a "autoridade" do professor e seu "monopólio do saber", mas não pelas novas tecnologias, que são ainda incipientes na educação, mas, sim, pelo acesso massivo da população à cultura.
> A teoria do capital humano está em crise, e o ensino já não resolve os problemas de desemprego.
> Aparecem leituras e movimentos críticos que abrem uma porta a outra forma de ver a educação e a formação.

Considerar essa época a partir da perspectiva atual aventura-me a dizer que foi um período em que o modelo hegemônico de educação e formação foi tão difundido e incrível, que marcou toda uma geração de professores que ainda padecem das contradições evidentes entre o que fizeram e o que atualmente pensam que se deveria fazer. Esses docentes foram formados no autoritarismo, com fundo positivista e com uma visão técnica de um ofício no qual havia soluções teóricas para tudo e para todos. Acreditaram nisso ou se forçaram a crer, para depois colocar tudo em quarentena. Alguns ainda não superaram isso.

> Uma época que marcou toda uma geração de professores e professoras até os nossos dias.

Anos de 1990: introdução da mudança, apesar de tímida

Em alguns países, a formação continuada chegou a institucionalizar-se durante a reforma anterior, a qual apareceu por volta dos anos de 1970, e no resto dos países a partir da reforma da década de 1980. Segundo o discurso daquela época, a institucionalização da formação continuada nasce com a intenção de adequar os professores aos tempos atuais, facilitando um constante aperfeiçoamento de sua prática educativa e social, para assim adaptá-la às necessidades presentes e futuras. A própria expressão, "aperfeiçoando-se", já indicava uma forma espiritual de tratar a formação, do mesmo modo que a formação personalizada, tão na moda naquela época. A institucionalização da formação teve sua parte negativa, já que a formação do professor, historicamente envolvida por uma racionalidade técnica, com uma visão determinista e uniforme da tarefa dos professores e reforçada pelos processos de pesquisa positivistas e quantitativos que eram realizados, potencializou um modelo de treinamento mediante cursos padronizados que ainda perdura. Tal modelo de treinamento é considerado sinônimo de formação continuada e se configura como um modelo que leva os professores a adquirirem conhecimentos ou habilidades, por meio da instrução individual ou grupal que nasce a partir da formação decidida por outros. Em um curso ou em uma sessão de "treinamento", os objetivos e os resultados almejados são claramente especificados por alguém e costumam ser propostos em termos de conhecimentos ou do desenvolvimento de habilidades. Um dos resultados esperados, hipoteticamente e sem comprovação posterior, é que se produzam mudanças nas atitudes e que estas passem para a sala de aula. Neste modelo, o formador ou o administrador na ocasião é quem seleciona as atividades formadoras, supostas como as que deverão ajudar os professores a alcançar os resultados espera-

> Segundo o discurso daquela época, a institucionalização da formação continuada nasce com a intenção de adequar os professores aos tempos atuais, facilitando um constante aperfeiçoamento de sua prática segundo as necessidades presentes e futuras.

A institucionalização da formação teve sua parte negativa, já que potencializou um modelo de treinamento mediante cursos padronizados que ainda perdura. O modelo de treinamento era considerado sinônimo de formação continuada.

dos. No entanto, há muitos anos sabe-se que isso é algo que não funciona completamente ou, ao menos, não na maioria dos países. Se o processo de cursos implica algum retorno da prática docente, uma vez que se volta à sala de aula e, posteriormente, se realiza um acompanhamento dos professores, é possível que tal modelo funcione melhor. Mas, se uma vez realizado o curso, confia-se e deixa-se o professor fazer o esforço de contextualizar o que recebeu, embora seja de forma magistral por parte de um bom especialista, a transferência para a prática é mais que discutível. Essa é uma tarefa demasiado grande e muitas vezes impossível na realidade da prática do ensino.

Entretanto, também nessa época começaram a se desenvolver aspectos positivos: a preocupação do âmbito universitário com estudos teóricos, uma consciência maior dos professores comprometidos, que demandava uma formação na qual os professores estivessem mais implicados, o desenvolvimento de **modelos de formação** alternativos, como o questionamento da prática mediante projetos de pesquisa-ação, a aproximação da formação dos cursos de formação de professores, o aparecimento de grande quantidade de textos, traduzidos e locais, com análises teóricas, experiências, comunicações, assim como a celebração de encontros, jornadas, congressos e similares. O campo de conhecimento da formação dos professores, embora no princípio apresentasse uma certa confusão conceitual e uma grande atividade de cópia de literatura distante de nosso contexto, por uma parte, permitiu que se começassem a questionar aspectos que durante muito tempo tinham permanecido inalterados. Por exemplo, o modelo de treinamento que anteriormente comentávamos, a dependência dos professores de pessoas ou de algo que lhes era alheio (universidade, especialistas, consultorias ou administração) e que lhes ensinasse a ensinar – o que em parte ainda perdura –, a não participação dos professores no planejamento da formação, as palavras de um especialista que ilumina as mentes, embora não os espíritos, ou a interrupção de uma inércia institucional. Por outro lado, tal campo de conhecimento da formação potencializou o aparecimento de elementos novos que atuariam como forças ocultas e propulsoras de um novo pensamento e processo formativo.

Começaram a se desenvolver aspectos positivos, como a preocupação do âmbito universitário com estudos teóricos, uma maior consciência dos professores que demandava uma formação na qual os docentes estivessem mais implicados, o desenvolvimento de modelos de formação alternativos, a aproximação da formação dos centros de professores, o aparecimento de textos, com análises teóricas, experiências, comunicações, e a celebração de encontros, jornadas, congressos e similares.

Nesta época, anos de 1990, algo se move na formação. Como dizia anteriormente, já fazia tempo que se iam introduzindo com mais ou menos força novos conceitos e novas ideias. A literatura pedagógica anglo-saxônica era lida e traduzida e assim se difunde com rapidez a pesquisa-ação, um novo conceito de *currículo*, os projetos, a triangulação e a reflexão na formação, sendo que esta aparece um pouco mais tarde com as obras de Schön – ninguém recordava os clássicos nem Dewey, que já era citado fazia tempo. Schön tem suas ideias difundidas tão rapidamente, que elas alcançam o mesmo patamar dos conceitos mais conhecidos anteriormente. Assim, cria-se uma ilusão de mudança: a ilusão de que se abandonam certas políticas técnicas e de que se avança por caminhos mais progressistas.[4] As mudanças políticas e sociais ajudam. Também é certo que muitas das novas ideias são assumidas como modismos, e há momentos em que não se pode distinguir quem as pratica de quem unicamente fala sobre elas, nem os que antes defendiam tenazmente o dirigismo e suas derivações dos que agora se convertem a essa nova religião e saem em sua defesa, centrados em suas ideias, mas não em suas práticas. Também é certo que a **colegialidade artificial**, na elaboração de projetos educativos e curriculares, faz com que os professores desencantem-se e vejam isso mais como um artifício pedagógico que como uma inovação.

Essa foi uma época fértil na formação continuada dos professores, já que os cursos de formação de professores consolidaram-se na maioria da Espanha, e com denominações semelhantes em muitos países latino-americanos, apareceram novas modalidades, como a formação em escolas ou em seminários permanentes e a figura do assessor. Em relação a este fenômeno, é importante ressaltar que naqueles momentos essas tarefas foram assumidas pelos professores que provinham da renovação pedagógica e do combate educativo que a ditadura originou, o que deu um aspecto diferente à forma de enfocar os temas de formação.

Apesar de ser um período produtivo, também foi uma época de grandes confusões, de discursos simbólicos, de um modelo de formação baseado no "treinamento" dos professores mediante os planos de formação institucional. Uma época de ascensão dos movimentos de renovação pedagógica, que quase são aniquilados não por disputas internas, mas porque muitos de seus membros assumem tarefas de governo e se dedicam a outras coisas. Foi um período de adesão massiva, sobretudo universitária, às novas ideias, por uma simples questão de modismo. Essas ideias se fazem onipresentes em textos, discursos e declarações públicas. O novo discurso se torna comum, excessivamente comum, entre aqueles que, apenas há alguns anos antes, haviam aderido com o mesmo entusiasmo à racionalidade mais técnica da formação. As palavras se confundem, mesmo que as pessoas e suas origens sejam as mesmas, circunstância que envenena as propostas.

> Nesta época, rapidamente se difunde a pesquisa-ação, um novo conceito de currículo, a triangulação, ...

Definitivamente, esta foi uma época frutífera, mas também de grande confusão. Época de grandes mudanças, na qual começamos a ser conscientes da evolução acelerada da sociedade em suas estruturas materiais, institucionais e formas de organização da convivência, bem como em seus modelos de produção e distribuição. Enfim, uma época criativa e muito importante na formação continuada, cujas contribuições e reflexões ainda vivemos assimilando. A mistura do modelo de treinamento com os planos de formação, o modelo de desenvolvimento e melhoria, surgido a partir da reforma introduzida pelas leis, ao se estabelecerem os projetos educativos e curriculares, o modelo questionador, com a forte incorporação do conceito "*paraguas* de professor investigador",[5] a pesquisa-ação, tão divulgada e conhecida, porém pouco praticada por suas necessárias condições de desenvolvimento, e a maioria dos textos sobre o campo de conhecimento fazem com que agora seja a época em que se inicia uma nova maneira de enfocar, de analisar e de praticar a formação dos professores. Mesmo que ainda haja o predomínio de um discurso excessivamente simbólico e de uma continuação da perpétua separação entre a teoria e a prática.

> Cria-se uma ilusão de mudança apoiada pelas transformações políticas e sociais, mas também é uma época de grandes confusões.

Anos 2000 até a atualidade: busca de novas alternativas

Embora fizesse tempo que os contextos iam mudando vertiginosamente, é nesta época, quando os contextos sociais que condicionam a formação refletem uma série de forças em conflito, que aparece a nova economia, que a tecnologia desembarca com grande força na cultura, que a mundialização se faz visível, que muitos daqueles professores e professoras combativos já têm certa idade, etc. Começa, então, a surgir uma crise da profissão de ensinar. Tem-se a percepção de que os sistemas anteriores não funcionam para educar a população deste novo século, de que as instalações escolares não são adequadas a uma nova forma de ver a educação. Cada vez mais tem importância a formação emocional das pessoas, a relação entre elas, as redes de intercâmbio, a comunidade como elemento importante para a educação. Tudo isso faz os professores reduzirem a sua assistência na formação "de toda a vida", arriscarem-se pouco, sua motivação para fazer coisas diferentes diminui e, principalmente, a inovação aparece como um risco que poucos querem correr (para que correr riscos, se ninguém valoriza ou reprime). Além disso, as administrações educacionais não se atrevem a possibilitar novas alternativas de mudança, já que estas partirão de verbas diferentes e deixarão tudo para depois. Sentem medo e não ousam.

> Os contextos sociais que condicionam a formação refletem uma série de forças em conflito, e começa a surgir uma crise da profissão de ensinar.

Nesse contexto surge a crise institucional da formação. Como se considera o sistema educacional do século passado obsoleto, sente-se a necessidade de uma nova forma de ver a educação, a formação e o papel dos professores e do alunos. Uma longa pausa é aberta, na qual estamos instalados, onde alguns se sentem incômodos. Esse desconforto conduz à busca de novos horizontes, de novas alternativas. Assim, antigas e novas vozes começam a superar sua afonia para narrar o que sabem sobre o ensino e a formação.

> A crise institucional da formação aparece porque se considera que o sistema educacional do século passado é obsoleto, porque uma nova forma de ver a educação, a formação e o papel dos professores e dos alunos é necessária.

Ganha espaço a opção de não se querer analisar a formação somente como o domínio das disciplinas científicas ou acadêmicas, mas, sim, de propor a necessidade de estabelecer novos modelos relacionais e participativos na prática da formação. Isso nos leva a analisar o que aprendemos e o que nos falta aprender.

No entanto, é certo que nos últimos anos, principalmente naqueles países governados por uma direita conservadora, que aplica um neoconservadorismo profundo na educação, apareceu um "desânimo" ou talvez um desconserto não apenas entre o grupo de professores, mas também entre todos que, de uma forma ou de outra, se preocupam com a formação. Desânimo, desconserto ou consternação difícil de expressar, fruto de um acúmulo de variáveis que convergem, entre as quais podemos citar: o aumento de exigências com a consequente intensificação do trabalho educacional; a manutenção de velhas verdades que não funcionam, a desprofissionalização originada por uma falta de delimitação clara das funções dos professores, a rápida mudança social e, possivelmente, um tipo de formação continuada que parece inclinar-se de novo para um modelo aplicativo-transmissivo (de volta ao passado ou de "volta ao básico", de lições-modelo, de noções, de ortodoxia, de professor eficaz e bom, de competências que devem ser assumidas para ser um bom professor, etc.). Ou seja, a ação do formador se dá em direção da solução dos problemas dos professores, em vez de se aprofundar em um modelo mais regulador e reflexivo, como, por exemplo, com pesquisa-ação, heterodoxia, modelos variados, respeito à capacidade do docente, didática criativa. Nesse caso, o formador ou assessor é mais um diagnosticador de obstáculos à formação, em que a vertente contextual, diversa e pessoal dos professores, tem muito a dizer e a contribuir.

Para finalizar esta parte, no Quadro 1.1 é exposta uma pequena e certamente imprecisa genealogia do conceito de "conhecimento" e sua relação com a formação, sobre o que se pensa e deseja. Embora todas as etapas sejam solapadas e perduram ao longo da formação, exponho aquelas em que o discurso foi ou é predominante.

QUADRO 1.1 Relação entre o conceito de conhecimento e o de formação

Anos	Formas de ver o conhecimento formador nos professores	Formas de ver a formação dos professores	Metáforas
...1980...	Uma informação científica, cultural ou psicopedagógica para transmitir.	Um produto assimilável de forma individual, mediante conferências ou cursos ditados.	Metáfora do produto que se deve aplicar nas salas de aula. Época de busca de receitas. A formação "salva tudo".
...1990...	O desenvolvimento de conhecimentos, habilidades, destrezas e atitudes profissionais para mudar as salas de aula.	Um processo de assimilar estratégias, para mudar os esquemas pessoais e práticos da interpretação dos professores, mediante seminários e oficinas.	Metáfora do processo. Época curricular que inunda tudo.
...2000...	Compartilhar significados no contexto educacional para mudar as instituições educacionais.	Criação de espaços e recursos para construir aprendizagem, mediante projetos de inovação e intercâmbio nas escolas. Processos de prática reflexiva.	Metáfora da construção. Época de novas redes de formação presenciais e virtuais.
...Rumo ao futuro (ou ao desejado)	Construção coletiva com todos os agentes sociais, para mudar a realidade educativa e social.	Elaboração de projetos de transformação, com a intervenção da comunidade, e pesquisas sobre a prática.	Metáfora da subjetividade, da intersubjetividade, do dialogismo. Época de novas alternativas e participação da comunidade.

RESUMO

Nem todo passado foi melhor, embora muitas das coisas que sabemos na atualidade foram se consolidando nos últimos 30 anos. Avançamos muito, talvez não tanto como desejaríamos, mas fomos assentando pequenos conhecimentos teóricos e práticos que, graças a muitas pessoas, foram sendo postos em prática. Agora, no início do século XXI, quando tudo é mutável, modificado e mais complexo, necessitamos olhar para trás sem revolta, para ver o que nos serve, descartar aquilo que não funcionou, por mais que alguns se empenhem em continuar propondo-o e desenvolvendo-o, e construir novas alternativas que beneficiem a formação dos professores e, portanto, a educação promovida por eles.

A diferença predomina na importante mudança que rodeia a instituição escolar, tanto do seu contexto interno quanto do externo. Digo "rodeia" já que, às vezes, certos professores são resistentes em aceitar que a mudança foi vertiginosa e que isso comporta outra forma de ensinar (o que se verifica desde uma análise da sociedade do conhecimento, pós-industrial ou também pós-moderna), ou que, enquanto representantes de uma determinada geração de educadores, custa-lhes aceitar tal mudança do mundo social, como por exemplo, a tecnofobia de alguns professores.

Sempre é bom e necessário refletir e buscar novos caminhos que nos conduzam a novos destinos, mas, atualmente, quando a maioria anuncia uma nova sociedade baseada no conhecimento ou na informação, é possível que seja ainda mais um bom momento. E quando me ponho a pensar nos anos dedicados à teoria e à prática da formação, tenho a sensação de que a formação dos professores como campo de conhecimento está estancada há muito tempo.

Faz anos que se vem dizendo o mesmo, ou sou eu que leio e escuto quase o mesmo. Diante desse fato que leva ao tédio, talvez seja necessário ver o que aprendemos e começar a buscar novas alternativas neste mundo tão diferente e baseado na incerteza de não saber o que amanhã acontecerá. Talvez devamos nos introduzir na teoria e na prática da formação em novas perspectivas: as relações entre os professores, as emoções e atitudes, a complexidade docente, a mudança de relações de poder nos centros de professores, a autoformação, a comunicação, as emoções, a formação na comunidade, e se separar da formação disciplinar tão comum nos planos e nas práticas de formação.

NOTAS

1. Poderíamos dizer que a situação atual é similar à dos anos de 1980 com a questão do ensino e do currículo, mas existem matizes, já que as origens e a situação atual são diferentes.
2. Quero lembrar aqui o poeta Bertold Brecht, ao qual se atribui o conceito.

3. Hargreaves (1998) dirá que a pós-modernidade pode provocar crises nas relações interpessoais, quando estas carecem de sujeições externas, de tradição ou de obrigação.
4. Entendemos aqui por progressista o contrário de conservador. Progressista seria aquele indivíduo que considera os valores morais como uma criação cultural que deve ser estimulada ativamente, no sentido de liberar os seres humanos de seus condicionamentos naturais, a fim de melhorar a capacidade de convivência e modificar o estado atual das coisas, para também melhorar a situação das pessoas.
5. A palavra *paraguas*, ou "guarda-chuva", pode referir-se à pessoa ou coisa que serve de proteção. O sentido aqui é o mesmo empregado por Stenhouse (1987), quando descrevia o professor-pesquisador como aquele que questiona sua prática, compromete-se com o trabalho e a reflexão e usa estratégias de melhoria, junto com seus colegas, no trabalho educativo.

O QUE FAZER NA PRÁTICA DA FORMAÇÃO?

- Analisar o passado para não cair nos mesmos erros, levando em conta que o mundo nunca gira ao contrário. Temos que olhar adiante e criar alternativas de transformação.
- Ter presente que, sem a participação dos professores, qualquer processo de inovação pode se converter em uma ficção ou em um jogo de espelhos que pode, inclusive, chegar a refletir processos imaginários, quando não simplesmente uma mera alteração técnica ou terminológica promovida a partir do topo. Isso é exatamente o que acontece em muitos países. No topo, desde as superestruturas, são geradas mudanças prescritivas que não originam inovações nas instituições dos "práticos" da educação. Na formação deve-se trabalhar com os professores e não sobre eles.
- Recuperar leituras e práticas formadoras e analisar se elas não foram sendo modificadas com o tempo em sua aplicação, ou se ainda são úteis para a mudança da formação.

Aprendemos muito, mas ainda há muito para avançar

2

Atualmente, existem evidências quase inquestionáveis para todos aqueles que, de uma forma ou de outra, dedicam-se à formação continuada de professores. Conhecê-las implica analisar os acertos e os erros e atentar para tudo aquilo que nos resta conhecer e avançar.

Ter defeitos e não corrigi-los é o verdadeiro erro.
(Confúcio, *Livro XV*)

AS MUDANÇAS SOCIAIS NOS INDICAM O CAMINHO

Se no capítulo anterior eu fazia uma análise introdutória do passado e previa que neste novo século a formação deve assumir parcelas de mudança e inovação, é neste contexto que quero aprofundar minha avaliação e verificar a possibilidade de realizar propostas para o futuro. O desafio, segundo meu ponto de vista, é examinar o que funciona, o que deve ser abandonado, desaprendido, construído de novo ou reconstruído a partir daquilo que é velho. É possível modificar as políticas e as práticas da formação continuada de professores? Como repercutem as mudanças atuais na formação docente?

Sem mais preâmbulos, acredito que as mudanças repercutem muito e que podem nos ajudar a criar alternativas. Se analisamos esse contexto, podemos encontrar importantes elementos que influenciam na educação e na formação dos professores. Entre eles destacamos:

- Um aumento acelerado e uma transformação rápida nas formas adotadas pela comunidade social, no conhecimento científico, com uma aceleração exponencial, e nos resultados do pensamento, da cultura, assim como da arte. Se nos dedicamos à cultura, esse aumento e essa transformação nos obrigarão a mudar nossa perspectiva sobre o que se deve ensinar e aprender.
- Uma evolução acelerada da sociedade em suas estruturas materiais, institucionais e formas de organização da convi-

vência, em seus modelos de família, de produção e distribuição, o que se reflete em uma transformação das formas de viver, pensar, sentir e agir das novas e velhas gerações.
- As vertiginosas mudanças dos meios de comunicação de massa e da tecnologia subjacente, que foram acompanhados de profundas transformações na vida pessoal e institucional e que colocaram em crise a transmissão do conhecimento de forma tradicional, como textos, leituras, etc., e, portanto, também as instituições que se dedicam a isso.
- Uma análise da educação que já não é patrimônio exclusivo dos professores, mas de toda a comunidade e dos meios de comunicação que esta dispõe, estabelecendo diferentes e novos modelos relacionais e participativos na prática da educação, nos quais o contexto pode ser mais influente que a educação regrada.
- Uma sociedade multicultural e multilíngue, em que o diálogo entre culturas supõe um enriquecimento global e na qual é fundamental viver em igualdade e conviver na diversidade, mas na qual estar preparado para tanto acarreta muita angústia social e educativa.
- Professores que compartilham o poder de transmissão do conhecimento com outras instâncias socializadoras, como a televisão, os meios de comunicação de todo tipo, as redes informáticas e telemáticas; uma maior cultura social; uma educação não formal, entre outros.
- A relevância que adquire na educação a bagagem sociocultural, além das matérias científicas, como, por exemplo, a comunicação, o trabalho em grupo, os processos, a elaboração conjunta de projetos, a tomada democrática de decisões, etc.
- Uma forma diferente de acessar o conhecimento (selecionar, valorizar e tomar decisões) que requer novas habilidades e destrezas, as quais devem ser praticadas pelos professores a fim de trabalhá-las nas salas de aula e nas instituições.
- Uma crescente desregulação do Estado com uma lógica de mercado e um neoliberalismo[1] ideológico, complementado por um neoconservadorismo[2] que vai impregnando o pensamento educacional e muitas políticas governamentais.

A educação pode resultar fundamental para superar a exclusão social; no entanto, muitas vezes a potencializa em zonas de uma grande **neomiséria** ou **pobreza endêmica**[3] e com uma camada da população imbuída no analfabetismo cívico em uma cultura urbana de marginalidade (segundo as Nações Unidas, em 2000, havia 100 milhões de crianças vivendo ou trabalhando nas ruas).

Como as mudanças sociais influenciam na formação docente

Vejamos alguns aspectos:

- O questionamento da pura transmissão de noções e conceitos do conhecimento formador, mediante modelos nos quais os professores são um objeto subsidiário, demandando outros conteúdos de formação baseados em habilidades e atitudes.
- A importância do trabalho em equipe e da **colegialidade** verdadeira.
- O desconforto de práticas formadoras baseadas em processos de especialistas infalíveis ou acadêmicos. Em casos assim, os professores são uns ignorantes que assistem às sessões que pretendem "culturalizá-los" profissionalmente, que tentam solucionar seus problemas, muitas vezes sendo conduzidas por um formador sem experiência prática. Incômodo que demanda metodologias diferentes na formação.
- A lenta introdução da capacidade dos professores de gerarem conhecimento pedagógico, mediante seus trabalhos práticos nas instituições educacionais, o que os dotará de uma maior dignidade e autonomia profissional, já que lhes permitirá produzir inovações com seus colegas.
- Os fatores da diversidade e da contextualização como elementos imprescindíveis na formação (a preocupação com a cidadania, o meio ambiente, a diversidade, a tolerância, etc.), já que o desenvolvimento e a diferença entre os indivíduos sempre têm lugar em um contexto social e histórico determinado, que influi em suas origens. Isso desencadeará um questionamento das práticas uniformizadoras e potencializará a **formação a partir de dentro**, na própria instituição ou em um contexto próximo a ela, onde se produzem as situações problemáticas que afetam os professores. Considero que estes dois elementos, a diversidade e a contextualização, permitem-nos ver a formação docente de outra maneira e provocam reflexões diferentes sobre o que fazer nas políticas e práticas de formação.

Ninguém deveria duvidar de qualquer reforma na estrutura e no currículo do sistema educacional e de sua inovação quantitativa e qualitativa, sobretudo desta última, pois ela deve contar com o apoio dos professores e com sua imediata atitude positiva em relação à capacitação necessária para as mudanças. Embora baste verificar os salários de muitos docentes latino-americanos para perceber que

As mudanças sociais influenciaram na formação dos professores de forma diferente: demandando outros conteúdos formadores baseados mais em habilidades e atitudes, dando maior importância ao trabalho em equipe e à colegialidade verdadeira, assim como levando em conta os fatores da diversidade e da contextualização como elementos imprescindíveis na formação.

muitos políticos duvidam, sim, dessa inovação. Em qualquer transformação educacional, os professores poderão constatar, não somente um aperfeiçoamento da formação de seus alunos e do sistema educacional em geral, mas ainda benefícios em sua própria formação e **desenvolvimento profissional**. Esta percepção/implicação será um estímulo para pôr em prática o que as novas situações demandam. Este é um aspecto fundamental, ao menos para aqueles que consideram os professores como a peça principal de qualquer processo que pretenda uma inovação verdadeira do sistema educacional. Afinal, são eles, do início ao fim, os executores das propostas educativas, os que exercem sua profissão em escolas concretas, situadas em territórios com necessidades e problemas específicos.

A reforma educacional e as estruturas de formação foram sendo copiadas de outras, começando pela "inspiração" reformista espanhola, para depois ajustarem-se a algumas realidades, em função da proveniência do financiamento e dos consultores na ocasião, mas a perspectiva era, sem dúvida, a mesma. O desprezo de muitos professores à reforma ou aos programas de formação deve-se a essa falta de sensibilidade para determinar os responsáveis pelas mudanças e à corrupção daqueles que os promovem. A partir de outro ponto de vista, o desprezo seria motivado pela vontade de realizar as transformações sem afrontar o desenvolvimento profissional.

Qualquer inovação que se pretenda realizar mediante a formação não pode "negligenciar" as relações laborais dos professores com a administração educativa correspondente, nem a adequação dos mesmos dentro do sistema educacional em função da idade, das expectativas de progresso no trabalho, da especialidade ou da formação docente. Não obstante, não é o aspecto salarial o único que deve ser revisado, mas, em geral, as relações trabalhistas. Em muitos países latino-americanos ainda existem numerosos professores contratados, empíricos ou de semelhante categoria que são docentes sem formação ou titulação, ou professores de um dia, devido à distância da escola até suas casas e sua falta de meios para chegar ou ficar. Falar de formação continuada e de desenvolvimento profissional dos professores nessas circunstâncias parece mais uma tentativa de fingir uma adequação a certas modas reformistas do que considerar a realidade de uma mudança da educação e dos docentes.

Tudo o que foi exposto anteriormente, ao lado do que não explicitei para não me prolongar muito, demanda desenvolver e reivindicar dos professores e com eles novas competências profissionais, na base de um conhecimento pedagógico, científico e cultural revisado, bem como na base de uma nova escolarização democrática da sociedade.

Assim, será possível transmitir aos futuros cidadãos valores e modos de comportamento democráticos, igualitários, respeitosos com as diversidades cultural e social, com o meio ambiente, etc. Assumir essas novas competências implica uma nova forma de exercer a profissão e de formar os professores nessa complexa sociedade do futuro; complexidade que aumentará por conta da mudança radical e vertiginosa das estruturas científicas, sociais e educacionais, que são as funções institucionais do sistema educacional. Finalmente, o futuro requererá professores e uma formação inicial e continuada muito diferentes, pois o ensino, a educação e a sociedade que os envolvem serão também muito distintos. Paradoxalmente, por um lado, a formação tem que se submeter aos desígnios desse novo ensino e, por outro, deve ser ao mesmo tempo a arma crítica frente às contradições dos sistemas educacional e social.

Talvez, se começarmos a refletir sobre o que nos mostra a evidência da teoria e da prática formadora dos últimos anos, se deixarmos de seguir o que a tradição formadora nos diz e propõe e se colocarmos em xeque nossas "pré-concepções" sobre a formação, possamos começar a ver as coisas de outra maneira e a tentar mudar e construir uma nova forma de ver o ensino e a formação docente, a fim de transformar a educação e contribuir para uma sociedade mais justa.

> É preciso desenvolver e reivindicar dos professores e com eles novas competências profissionais, na base de um conhecimento pedagógico, científico e cultural revisado, bem como na base de uma nova escolarização democrática da sociedade, para, assim, poder transmitir aos futuros cidadãos valores e modos de comportamento democráticos, igualitários e respeitosos.

O que aprendemos?

Atualmente existe um conjunto de características relacionadas à formação continuada de professores que deveria ser considerado:

- A formação continuada requer um clima de colaboração entre os professores, sem grandes reticências ou resistências (não muda quem não quer mudar ou não se questiona aquilo que se pensa que já vai bem), uma organização minimamente estável nos cursos de formação de professores (respeito, liderança democrática, participação de todos os membros, entre outros), que dê apoio à formação, e a aceitação de uma contextualização e de uma diversidade entre os professores que implicam maneiras de pensar e agir diferentes. Tais exigências contribuem para que se consiga uma melhor aceitação das mudanças e uma maior inovação nas práticas.

Também é certo que tudo isso não é suficiente, é necessário apoio externo. A maior parte das inovações, os programas para a melhoria da qualidade do ensino e as propostas de

> É necessário começar a refletir sobre o que nos mostra a evidência da teoria e da prática formadora dos últimos anos e não nos deixarmos levar pela tradição formadora, para assim tentar mudar e construir uma nova forma de ver o ensino e a formação docente, a fim de transformar a educação e contribuir para uma sociedade mais justa.

formação continuada estão sendo promovidos pelas administrações estatais, autônomas e locais, e a conclusão apontada pelas pesquisas, que por ser óbvia não resulta menos relevante, é a de que o apoio real e efetivo dado aos cursos de formação de professores é mais importante que as boas intenções ou palavras em documentos, sobretudo quando assumem riscos vinculados à experimentação. Em outras palavras, é mais importante o ganho real de recursos.

▶ Considera-se fundamental que, no momento de planejar a formação, executá-la e avaliar seus resultados, os professores participem de todo o processo e que suas opiniões sejam consideradas.

Somente quando os professores constatam que o novo programa formativo ou as possíveis mudanças que a prática oferece repercutirão na aprendizagem de seus alunos, mudarão suas crenças e atitudes de maneira significativa, supondo um benefício para os estudantes e para a atividade docente. É quando a formação será vista como um benefício individual e coletivo, e não como uma "agressão" externa ou uma atividade supérflua.

▶ Para introduzir certas formas de trabalho na sala de aula é fundamental que os professores sejam apoiados por seus colegas ou por um assessor externo durante as aulas.

A maior parte dos professores recebe pouco retorno sobre sua atuação em sala de aula, e, em alguns momentos, manifesta a necessidade de saber como está enfrentando a prática diária para aprender sobre a mesma. No entanto, estamos falando de formação, e não de avaliação, já que, se considerarmos como avaliação, isso não será considerado uma ajuda, mas uma reprovação.

Atualmente, a observação e a ajuda entre colegas estão muito marcadas pelo individualismo; os professores consideram suas turmas como um espaço privado, às quais somente se tem acesso a partir de uma posição autoritária, como o inspetor ou supervisor para avaliá-los, como o pesquisador para obter dados, e não como um espaço para gerar um conhecimento que contribua à formação da própria classe docente.

> A observação e a valorização do ensino facilitam aos professores a obtenção de dados que favorecem a aprendizagem dos alunos.

A observação e a valorização do ensino facilitam aos professores a obtenção de dados sobre os quais possam refletir e analisar, a fim de favorecer a aprendizagem dos alunos. A reflexão individual sobre a própria prática pode melhorar com a observação de outros, sobretudo porque a docência ainda é uma profissão isolada. Normalmente, ela ocorre sem a presença de outros adultos, razão pela qual os professores não se beneficiam com observações alheias sobre seu trabalho. Ter o ponto de vista de outra pessoa dá ao professor uma perspectiva diferente de como ele ou ela atua com os alunos. Além disso, a observação e a valorização beneficiam tanto o professor, que recebe um retorno de um colega, quanto o próprio observador, pela observação que realizou, pela discussão e experiência comum. Se o professor aceita que pode aprender com a observação, irá vendo que a mudança é possível e que esta vai se tornando efetiva a partir de sucessivas observações, pois essa é uma forma de favorecer a mudança tanto em suas estratégias de ensino quanto na aprendizagem de seus alunos. Antes da observação é necessário realizar uma reunião para estabelecer a situação problemática a ser revisada e o sistema de observação a ser usado, bem como para fazer uma previsão dos problemas que possam surgir. Depois da observação, reflete-se sobre o processo acompanhado, sobre os aspectos relevantes encontrados durante a sessão, e igualmente sobre aqueles não esperados nem previstos nos objetivos, se estes são combinados antes, e sobre as mudanças necessárias. Mas, segundo Day (2005), também é preciso considerar as desvantagens da observação ou, como eu diria, as inconveniências:

- As crianças e os adolescentes podem reagir de forma atípica ante a presença de um adulto.
- A observação pode levar tempo e ser contraproducente, os críticos amistosos devem passar um tempo juntos antes e depois do trabalho observado.
- Os críticos amistosos têm que ser ou se converter em investigadores comprometidos, com um elevado nível de habilidades comunicativas.
- A formação dos professores está influenciada tanto pelo contexto interno, a escola, quanto pelo contexto externo, a comunidade.

Há um certo consenso entre os especialistas de que a melhoria da escola requer um processo sistêmico (Fullan, 2002), o que supõe que as mudanças em uma parte do sistema afetem a outra. Portanto, a formação dos professores influi e recebe a influência do contexto em que se insere, e tal influência condiciona os resultados que podem ser obtidos. Todos os estudos confirmam a ideia de que uma série de requisitos organizativos são necessários para que a formação continuada possa resultar muito mais frutífera:

> A formação dos professores influi e recebe a influência do contexto em que se produz e, por sua vez, condiciona os resultados.

- As escolas devem ter um conjunto de normas assumidas de maneira colegiada e na prática.

- Os gestores da educação, que trabalham com os professores, devem aclarar os objetivos pretendidos com a formação e devem apoiar os esforços dos docentes de mudarem suas práticas.
- Os esforços de mudanças curriculares, no ensino e na gestão das aulas, devem contribuir com o objetivo último de melhorar a aprendizagem dos alunos.
- Uma formação continuada mais adequada, acompanhada dos apoios necessários durante o tempo que for preciso, deve contribuir para que novas formas de atuação educativa sejam incorporadas à prática.

Ainda restam obstáculos para vencer

Na formação também existem obstáculos. É contraditório atestar que muitas das dificuldades que a formação dos professores encontra podem se transformar facilmente em desculpas para a resistência, por parte de algum setor, e ser também motivo de uma cultura profissional culpabilizadora dos professores – que não apresenta resistências e lutas, para conseguir uma melhor formação e um maior desenvolvimento profissional. Entre tais obstáculos, destacamos:

- A falta de uma coordenação real e eficaz na formação inicial dos professores dos diversos níveis educativos com a formação continuada.
- A falta de coordenação, acompanhamento e avaliação por parte das instituições e dos serviços implicados nos projetos de formação continuada. Valoriza-se mais a quantidade de coisas que se faz do que a qualidade das mesmas.
- Em muitos países existe uma falta de descentralização das atividades programadas, que impede que muitos educadores tenham a oportunidade de participar de uma formação.
- O predomínio da improvisação nas modalidades de formação.
- Embora as modalidades formadoras costumem ter um caráter grupal, na realidade, elas se dirigem ao indivíduo, que pode aprender questões concretas normalmente distantes de suas preocupações práticas. Por essa razão, a formação não costuma causar um grande impacto na prática da sala de aula nem potencializar o desenvolvimento profissional.
- A ambígua definição dos objetivos ou princípios de procedimentos formativos, ou seja, da orientação da formação, a consciência do que se pretende. Devido à confusão entre coisas novas e velhas, são estabelecidos uns princípios de

discurso teórico-questionador e de discurso prático de caráter técnico, individual ou de treinamento docente.
- A falta de verbas para atividades de formação coletiva e, principalmente, para a formação autônoma nas instituições educacionais.
- Os horários inadequados, que sobrecarregam e intensificam o trabalho docente.
- A falta de formadores ou assessores e, entre muitos dos que existem, uma formação centrada em um tipo de transmissão normativa, aplicativa ou, em princípio, "gerenciadora", que os leva a assumir um papel de especialista, e não de acompanhante.
- A formação em contextos individualistas, personalistas. Isso não significa que, quando se transmite uma mesma informação ou se apresenta uma experiência a um grupo de professores, cada um a incorpore depois, de forma diferente, à sua prática e seja capaz de assumir necessidades diferentes. O contexto individual é a prova de que o processo de formação se produz descontextualizado, sem considerar a realidade de cada professor ou do grupo, voltando-se para a melhoria da cultura docente, mas não para a mudança e para a inovação.
- A formação vista unicamente como incentivo salarial ou promocional, e não como melhoria da profissão, fato que pode provocar uma burocratização mercantilista da formação.

RESUMO

A situação educacional mudou nos últimos anos, basta dar um rápido olhar no ambiente social e pessoal dos alunos, para perceber a magnitude de uma transformação. Já não são as novas tecnologias, mas o *Messenger*; já não é a nova economia, mas a precariedade laboral das famílias; são as novas relações familiares; são os alunos imigrantes recém-chegados com suas expectativas; é a multiculturalização crescente e incontrolável; é a influência de outros modelos de organização social, desde as ONGs até as bandas, etc. Tal transformação coloca em evidência: o fracasso ou a falta de previsão da aplicação real das reformas, a idoneidade de professores por sua formação e a inadequação de um sistema educacional e de um modelo vigente há vários séculos.

É difícil, como tudo nestes tempos, anunciar o futuro da formação continuada de professores. Ninguém pode negar que houve muitos avanços, mas é possível que ainda perdure o pensamento sobre a formação desenvolvido nas décadas de 1980 e 1990. Mas a tarefa dos professores do início do século XXI não está relacionada com a dos professores do início do século passado, uma diferença que deveria ser notada de forma drástica na formação inicial e continuada.

Este pode ser um bom momento para traçar novos planos e processos de formação adequados às diversas realidades das etapas educativas; para gerar novas alternativas de futuro, não cabendo aqui uma reforma educacional pontual, mas, sim, uma reforma permanente da educação, ao menos para imaginar um futuro possível e uma desejável e nova formação continuada dos professores.

Além disso, existem vários fatores e circunstâncias que provocaram mudanças em princípios do século XXI: as transformações políticas e sociais (novas tecnologias, nova economia, pós-modernidade, crise da família ou, melhor dito, constituição de outras famílias, diversidade, multiculturalismo, etc.); certos fracassos na aplicação das reformas baseadas excessivamente no currículo; a idade dos professores; as mudanças sociais na infância e adolescência; os problemas derivados do contexto social; o avanço de certas ideologias neoconservadoras e neoliberais; as "situações de conflito e reivindicação" que podem ocasionar a formação, de forma que uma boa formação provoca inovação e em situação de escassez provoca uma justa reivindicação. Há uma tentativa de voltar aos enfoques tecnológicos, funcionalistas e burocráticos na formação dos professores, com um discurso que caracteriza uma visão de adequação aos velhos tempos. Talvez os professores estejam pagando pela crise educacional e social, ou pelas mudanças. No entanto, isso não impede que esses momentos sejam propícios para originarem novas alternativas de futuro e uma desejável nova formação dos professores. Outra formação é possível.

NOTAS

1. Entendemos por "neoliberalismo" a ideologia conservadora que fundamenta suas políticas em uma racionalidade econômica, primando pelo privado ante o público, que é considerado como mau, e com uma concepção do indivíduo como capital humano (para saber mais, ver Apple, 2002).
2. O "neoconservadorismo" sente saudade do passado e tenta voltar a políticas e práticas educativas anteriores, com a desculpa de uma maior exigência e nível acadêmico (ver Apple, 2002).
3. A "neomiséria" ou pobreza endêmica faz com que um indivíduo, por ter nascido e vivido em um determinado lugar, esteja condenado à exclusão social.

O QUE FAZER NA PRÁTICA DA FORMAÇÃO?

Deixo para aprofundar o tema das alternativas no próximo capítulo. A seguir, exponho apenas três ideias gerais.

- Olhar para trás e ver o que é que funcionou e o que aprendemos. Não começar sempre do zero.
- Evitar os "curto-circuitos" na formação, isto é, os processos inacabados. Formar-se é um processo que começa a partir da experiência prática dos professores. Seria mais adequado dizer que começa da práxis, já que a experiência prática possui uma teoria, implícita ou explícita, que a fundamenta. Algo ou alguém oferece instrumentos que permitem analisar essa prática. O professor pondera as diferentes opções de mudança nessa análise e opta por não mudar ou por escolher uma determinada solução que planeja na ação, e é essa solução que leva a cabo e que a interioriza em seu processo de *desenvolvimento profissional*.
  Às vezes, esse processo vivencial ou experiencial da formação sofre um "curto-circuito", se a partir da prática "obriga-se" o professor a planejar mudanças mediante a formação. Veja-se, como exemplo, o que aconteceu em muitos países com a obrigação temporal de elaborar projetos educacionais e curriculares. Outras vezes, quando se programam cursos padronizados, nos quais se explica tudo a todos sem levar em conta o contexto, pretende-se que os professores transfiram diretamente o que escutaram ao seu planejamento real de sala de aula. E isso muitas vezes não pode acontecer, já que não houve tempo para analisar diversas propostas em contextos diferentes, selecionar aquela que é mais adequada, planejá-la para a ação, experimentá-la, para assim incorporá-la à prática educacional. Note que o tempo sempre será importante na formação. Na formação existem muitos curto-circuitos que fazem com que esta seja ineficaz, arbitrária e absurda.
- Se são realizados cursos de formação, estes não deveriam ficar apenas na teoria explicativa sobre a questão ou na superficialidade do estado da mesma, senão realizar demonstrações e simulações, para depois levar as questões para a prática real e desenvolver sessões de retorno dos professores e discussão, em que se analise a concretização da prática nas diversas situações problemáticas e possam observar-se as diversas complexidades que forem surgindo. Posteriormente, pode-se propor uma assessoria, uma observação detalhada ou um acompanhamento, a fim de ver como a inovação será introduzida na prática. Os cursos padronizados, de acordo com o propósito e as maneiras como se realizam, podem servir para gerar processos de reflexão e mudança na prática, mas se permanecem em uma fase de explicação, é possível que sejam inúteis.

Uma proposta possível poderia ser:

- Diagnóstico das formas de atuação dos professores em suas salas de aula mediante uma série de observações.
- Exploração da teoria, realização de demonstrações, discussões e práticas em situações de simulação.
- Discussão reflexiva. Os momentos de discussão em grupos pequenos e as tarefas de resolução de problemas ao longo das sessões ajudam a aprendizagem e a transferência para as aulas.
- Sessões de retorno dos professores e assessoria. O acompanhamento mediante a observação por parte de colegas ou de assessores garante a transferência de estratégias de ensino de maior complexidade.

É preciso nos adequarmos às novas ideias, políticas e práticas para realizar uma melhor formação continuada de professores

3

Em que pesa o que aprendemos, é preciso olhar para a frente. A teoria e a prática da formação, seus planos, suas modalidades e estratégias, seu processo, etc., devem ser inseridos em novas perspectivas. Por exemplo, as relações entre os professores, as emoções e as atitudes, a complexidade docente, a mudança de relações de poder nos cursos de formação de professores, a autoformação, a comunicação, a formação com a comunidade, a influência da sociedade da informação.

O conhecimento como ato é trazer à consciência algumas de nossas disposições, com o intuito de resolver uma perplexidade, concebendo a conexão existente entre nós mesmos e o mundo em que vivemos.
(John Dewey)

MUITA FORMAÇÃO E POUCA MUDANÇA

Em todos os países, em todos os textos oficiais, em todos os discursos, a formação continuada ou capacitação começa a ser assumida como fundamental, a fim de se alcançar o sucesso nas reformas educacionais. No entanto, já não é tão habitual que se estabeleçam estruturas e propostas coerentes que possibilitem uma maior inovação dos processos educativos das instituições de ensino, sobretudo nestes tempos, quando predominam governos de atitudes conservadoras e políticas neoliberais (com alguma exceção e contraditoriamente). Muitos países literalmente jogam os escassos recursos dedicados à capacitação dos professores no grande lixo da inutilidade. De forma paradoxal, há muita formação e pouca mudança. Talvez seja porque ainda predominam políticas e formadores que praticam com afinco e entusiasmo uma formação transmissora e uniforme, com predomínio de uma teoria descontextualizada, válida para todos sem diferenciação, distante dos problemas práticos e reais e fundamentada em um educador ideal que não existe. E isso acontece, inclusive, tendo-se o conhecimento do discurso já antigo, pois esse é de meados dos anos de 1980, que preconiza que a formação deve se aproximar da escola e partir de situações problemáticas dos educadores. Mas não, a formação e os projetos nos cursos de formação de professores continuam sendo uma eterna reivindicação. Nesse sentido, se a formação não é acompanhada de mudanças contextuais, trabalhistas, de promoção de carreira, de salário, etc., pode-se "culturalizar o professor", até criar-lhe uma identidade enganadora, não se conseguindo, porém, transformá-lo em um profissional mais inovador.

Atualmente, são programados e ministrados muitos cursos de formação, mas também é evidente que há pouca inovação ou, ao menos, essa não é proporcional à formação que existe. Talvez um dos motivos seja o predomínio ainda da formação de caráter transmissor, com a supremacia de uma teoria que é passada de forma descontextualizada, distante dos problemas práticos dos professores e de seu contexto, baseada em um professor ideal que tem uma problemática sempre comum, embora se saiba que tudo isso não existe.

> A solução está em potencializar uma nova cultura formadora, que gere novos processos na teoria e na prática da formação, introduzindo-nos em novas perspectivas e metodologias.

BUSCA DE NOVAS PERSPECTIVAS

Pode-se pensar que a solução é fácil: ignorar os processos de formação que não provocam inovação e pronto! Mas não é tão simples assim. A solução não está apenas em aproximar a formação dos professores e do contexto, mas, sim, em potencializar uma nova cultura formadora, que gere novos processos na teoria e na prática da formação, introduzindo-nos em novas perspectivas e metodologias. Como, por exemplo, as relações entre os professores, seus processos emocionais e atitudinais, a formação realizada em uma complexidade docente e dirigida para ela, a crença ou autocrença da capacidade de gerar conhecimento pedagógico nos próprios cursos de formação de professores com colegas de trabalho, a mudança de relações de poder nas instituições educacionais, a possibilidade da autoformação, o trabalho em equipe e a comunicação entre colegas, a formação com a comunidade, entre outros. Tudo isso implica, por que não, deixar de lado ou complementar a formação estritamente disciplinar e que está centrada em questões genéricas sociopsicopedagógicas, as quais, quando abordadas apenas na formação, podem conduzir à ausência, ao abandono, à desmoralização, ao cansaço da formação continuada, à crença comum de considerá-la algo distante. Torres (2006, p.44) refere à pobreza das políticas de atualização dos professores como sendo uma das causas da desmotivação docente, já que "existe um tipo de política de atualização e incentivo dos professores que raramente

> É necessário uma "rearmada" moral e intelectual, uma reestruturação que se inicie por posturas críticas, mas novas, para recuperar o que uma vez se sonhou e nunca se teve, e para sonhar de novo.

repercute sobre a qualidade dos projetos educativos aos quais se vincula nas instituições educacionais".

Isso nos leva a pensar que é necessário uma "rearmada" moral e intelectual, como compromisso de melhoria dos alunos e da sociedade, e uma reestruturação que se inicie por posturas críticas, mas novas, para recuperar o que uma vez se sonhou e nunca se teve, e para sonhar de novo. Como diria um treinador de futebol ao se referir aos jogadores: recuperar a vontade de jogar e o protagonismo merecido.

A "rearmada" moral, intelectual e profissional dos professores passa pela recuperação por parte do mesmo controle sobre seu processo de trabalho, incluída a formação. Trabalho que é desvalorizado como consequência da grande fragmentação curricular, produto da neotecnocracia das últimas reformas do século XX, das políticas reformistas precipitadas, do poder que se introduz nos estabelecimentos escolares como mecanismo de decisão e não de relação, do afastamento obrigatório dos professores, da rotina entediante, da homogeneidade prática e da mecanização laboral, etc. O objetivo dessa "rearmada" deveria ser o de ressituar os professores, para serem os protagonistas ativos de sua formação em seu contexto de trabalho, no qual as decisões entre o prescrito e o real devem combinar, seu autoconceito deve aumentar, assim como seu *status* laboral e social. Isso tudo será conseguido mediante uma mudança das políticas educativas, aliada à reivindicação dos professores por uma maior autonomia profissional, por sua capacidade de formação e geração de mudanças, pela possibilidade de lhes deixarem realizar uma verdadeira colegialidade entre colegas de trabalho, por lhes consentirem ser criativos nas vicissitudes profissionais sem ser censurados e por lhes permitirem uma maior participação nas decisões educacionais, a fim de poderem desenvolver uma verdadeira participação com todos que intervêm na educação da infância e da adolescência.

Além disso, uma "rearmada profissional" dos docentes e de sua formação necessita de uma oposição frontal a qualquer manifestação, explícita ou oculta, da racionalidade técnica que nos encaminhe, com outros nomes e procedimentos, ao passado (competências, planos estratégicos, qualidade, eficiência, eficácia, entre outros), seja nos conteúdos curriculares, seja nas formas de gestão e controle técnico burocrático da educação e da formação.

Uma perspectiva crítica na educação e na formação deverá ser assumida, mas, atualmente, abrigado sob essa mesma denominação, refugia-se todo aquele que, a partir de uma análise sobre as diversas formas de desigualdade e opressão na escola e na sociedade, propõe-

> A "rearmada" moral, intelectual e profissional dos professores passa pela recuperação por parte do mesmo controle sobre seu processo de trabalho. O objetivo da "rearmada" deveria ser o de ressituar os professores para serem os protagonistas ativos de sua formação em seu contexto laboral.

-se a uma militância pedagógica ativa em prol da renovação e a uma ação solidária para desenvolver uma nova cultura profissional alternativa dos professores e uma nova prática educacional, formadora, social e libertária dos indivíduos. Em relação a isso, Foucault (1992) diria: "desmascarar o **regime de verdade**". Volta-se a tomar como referência, depois de tanta influência teórica anglo-saxônica, o trabalho de Paulo Freire[1], que serve para analisar a tão denunciada falácia da neutralidade escolar e da formação técnica dos professores; para construir uma noção de educação mais politizada, com um compromisso na liberdade dos indivíduos e não na dominação; para falar também de formação colaborativa e dialógica como processo de diálogo entre os professores e todos aqueles componentes que intervêm na formação, e para desenvolver uma pedagogia da resistência, da esperança, da raiva ou da possibilidade. Para realizar a denúncia e propor a anunciação, dois processos inseparáveis segundo Freire. O compromisso de mudança passa a analisar as contradições e a denunciá-las, buscando alternativas.

Convém promover um amplo questionamento sobre a atual situação e atuar em novas propostas de formação continuada de professores, nas quais novos elementos adquiram importância que, mesmo disseminados em livros e no vocabulário pedagógico, ainda estão longe de serem inseridos nas políticas e nas práticas de formação:

- A reflexão sobre a prática em um contexto determinado.
- A criação de redes de inovação, de **comunidades de prática** formadora e de formas de comunicação entre os professores.
- A possibilidade de uma maior autonomia na formação com a intervenção direta dos professores.
- Partir dos projetos das escolas, com o objetivo de os professores decidirem a formação de que necessitam para avançar na elaboração, no desenvolvimento e na avaliação do projeto.
- Como ideia principal, mais que a intenção de atualizar, potencializar uma formação que seja capaz de estabelecer espaços de reflexão e participação, para que os professores "aprendam" com a reflexão e a análise das situações problemáticas dos cursos de formação de professores (mais aprendizagem que ensino na formação) e para que partam das necessidades democráticas, sentidas, do coletivo. Tudo isso com a finalidade de estabelecer um novo processo formador que possibilite o estudo da vida na sala de aula e nas instituições, os projetos de mudança e o trabalho colaborativo – todos representando o desenvolvimento fundamental da instituição educacional e dos professores.

Algumas alternativas possíveis

O exposto até o presente momento deve propiciar alternativas baseadas em:

- Uma mudança no tipo de formação individual e coletiva dos professores. A entrada com força no campo da teoria da colaboração como processo imprescindível na formação dos professores, em sua profissionalização e relação entre eles.
- Uma formação não apenas em noções ou disciplinas, o que podemos chamar de "conhecimento objetivo", embora esse termo não seja completamente certo, mas, sim, uma formação em um maior "conhecimento subjetivo": autoconceito, conflito, conhecimento de si, comunicação, dinâmica de grupos, processos de tomadas de decisão coletivas, etc. A formação e a reflexão sobre os aspectos éticos, relacionais, colegiais, atitudinais e emocionais dos professores, os quais vão além dos aspectos puramente técnicos e "objetivos".
- Criação de estruturas organizativas, redes, que permitam um processo de comunicação entre indivíduos iguais e troca de experiências, para possibilitar a atualização em todos os campos de intervenção educativa e aumentar a comunicação entre os professores. Objetivo: refletir sobre a prática educacional, mediante a análise da realidade do ensino, da leitura pausada, da troca de experiências, dos sentimentos sobre o que está acontecendo, da observação mútua, dos relatos da vida profissional, dos acertos e erros, etc. Estruturas que tornem possível a compreensão, a interpretação e a intervenção sobre a prática.
- Uma perspectiva que considera as situações problemáticas educacionais surgidas da análise de um grupo como ponto de partida. Lembre-se de que a formação sempre tentou "dar solução a problemas genéricos", e não a situações problemáticas específicas, vividas pelos professores. É importante unir a formação a um projeto de inovação e de mudança. Se for possível, tentar potencializar a união da formação com uma experiência de inovação na instituição educacional com apoio externo. Possibilitar a inovação institucional, que ajuda mais na mudança de todos, que a experiência da inovação (isolada e celular), que pode provocar a mudança circunstancial de alguém. Isso faz com que a formação esteja a serviço do projeto elaborado por um grupo. Quando se elabora um projeto, os professores podem escolher a teoria que lhes ajudará a colocá-lo em prática. Mas parece que a relação inova-

ção-formação não corresponde tanto ao binômio teoria-prática como o da prática-teórica.
- Combinação da atualização científica e técnica com a vertente psicopedagógica. No entanto, como na cultura profissional de uma quantidade de professores, imbuídos pelo modelo existente de formação, pode haver uma tendência de demanda de uma formação mais baseada nos conhecimentos que na transmissão destes, deveria se propor uma formação na qual a vertente sociopsicopedagógica estivesse incluída na atualização científica e técnica, mas com uma metodologia menos transmissora e mais fundamentada em casos, incidentes críticos, projetos de inovação, etc.
- Desenvolvimento e incentivo de uma cultura colaborativa nos cursos de formação de professores, com análise, experiência e avaliação de forma coletiva, assim como uma maior profissionalização docente por meio de projetos conjuntos. Na realidade, mais que "desenvolver" seria "se desenvolvem", como explica Day (2005, p.159): "Não é possível desenvolver os professores (de forma passiva). Eles se desenvolvem (ativamente)". Unir a formação a um projeto de trabalho provoca mais a inovação educativa do que realizar a formação e, posteriormente, a elaboração de um projeto. A mudança nos professores, por ser uma mudança na cultura profissional, é complexa e muito lenta. Essa complexidade e lentidão traz uma necessidade de interiorizar, adaptar e viver pessoalmente a experiência de mudança. As mudanças de outros não necessariamente ajudam na mudança de alguém.
- Mudanças de contexto, de organização, de gestão e de relações de poder entre os educadores, já que a formação por si mesma resulta pouco, se não está unida a tais mudanças. O tão mencionado desenvolvimento profissional não recai na formação, mas em diversos componentes que ocorrem conjuntamente na prática laboral do ensino.
- Uma nova formação que estabelece mecanismos de **desaprendizagem** para se voltar a aprender, de forma que aprender a desaprender seja complementar ao aprender a aprender. Mas essa formação implica inovação, e se essa inovação dá-se em contextos de escassez, provoca nos educadores reivindicação ("necessito de ferramentas intelectuais que não possuo e que antes desconhecia"). Isso causa um maior controle dos governos que não desejam a reivindicação e, como consequência, estabelecem mecanismos de eliminação de práticas formado-

ras, mesmo que essas constem em seus papéis oficiais e em seus projetos de formação. A experiência de algumas administrações é uma boa amostra disso.

No entanto, não podemos evitar o pensamento de que a formação continuada dos professores não pode se separar das políticas que incidem nos docentes. Se queremos que tal formação seja viva e dinâmica, além de útil, é claro, devemos uni-la a uma carreira profissional ou a um estatuto da função docente que inclua incentivos profissionais e promoções, verticais em diversas etapas e horizontais em uma mesma etapa, e que recompense ou, ao menos, não castigue aqueles que se dedicam mais para um melhor funcionamento das instituições de ensino e de sua prática docente, não apenas de forma individual, mas, também, coletivamente. Enfim, aqueles que realizam práticas alternativas de formação e inovação.

Além disso, para criar uma nova alternativa educacional, devemos analisar e contrapor uma nova visão da educação, que resulte em uma determinada formação, aos teóricos e práticos do **perenialismo**, os quais voltaram a aparecer em alguns estados e que dão visibilidade a uma ideologia conservadora e a um elitismo academicista, que os faz considerar certas coisas melhores do que outras. Tal perenialismo pode ser traduzido com algumas proposições: voltar ao básico; ter que ensinar assim; a democracia é culpada; os professores são culpados; perderam-se os valores; devemos separar e classificar os alunos, etc. Alguns exemplos desse conservadorismo na educação são: a universidade como instância superior do conhecimento formativo, a desconfiança no professor e mais na professora, o discurso teórico como acumulação de saberes e sinônimo do intelectual, a tradição cultural ocidental como superior e única, depreciando outras identidades e contribuições culturais.

Entretanto, para assumir essa outra perspectiva crítica e alternativa na educação e formação é necessário distanciar-se de certos personagens e vigiar as teses de certa pedagogia e sociologia educacional, muito na moda atualmente. Pedagogia que se denomina progressista, mas cujas considerações sobre a escola, a sociedade democrática, o compromisso, o conteúdo de mudança do ensino e os professores são muito etéreas e vacilantes.

A formação continuada deveria fomentar o desenvolvimento pessoal, profissional e institucional dos professores, potencializando um trabalho colaborativo para transformar a prática. É fácil dizer, mas é muito difícil mudar as políticas e as práticas de formação. Essa mudança implica fugir de políticas de subsídio, de políticas em

> Se queremos que a formação continuada seja viva e dinâmica, devemos uni-la a uma carreira profissional que inclua incentivos profissionais e promoções e que tente recompensar os que se interessam por ela.

> Tudo que já foi proposto até agora deve fornecer novas alternativas. É preciso analisar e contrapor uma nova visão da educação, que resulte em uma determinada formação, dos teóricos e praticantes do perenialismo que voltaram a aparecer em alguns países e que pregam uma ideologia conservadora e um elitismo academicista que os leva a considerar certas coisas maiores que outras.

> É indispensável fugir de políticas de subsídio nas quais se pensa que somente transformando tudo em formação, cursos, seminários ou jornadas, se mudará a educação.

que se pensa que, investindo na formação, em grandes quantidades de cursos, seminários ou jornadas, a educação mudará, deixando o contexto laboral igualmente empobrecido. Contexto em que a metodologia de trabalho da prática formadora está mais orientada para uma formação individual do que para modelos de formação continuada de aspecto coletivo, de desenvolvimento e melhoria do currículo, e para processos questionadores, cuja base não é a "ignorância do professor", mas a desconfiança na capacidade dele de gerar inovações mediante a prática educacional.

Várias vezes já surgiu a ideia de vincular a formação a um projeto de trabalho dos cursos de formação, em que houvesse uma revisão dos processos de formação no local de trabalho, local em que se dão as situações problemáticas. Uma "formação a partir de dentro e para dentro e fora", baseada na revisão conjunta mediante processos reais de pesquisa-ação, não no sentido de ortodoxia metodológica, senão no da reflexão sobre o que se faz e sobre a finalidade da mudança coletiva. E tudo isso não impede que se possa necessitar do apoio externo de assessores que acompanhem os professores nesse repensar sobre a prática. Trata-se de um processo sobre o qual se tem escrito e falado muito ultimamente, mas que foi levado muito pouco para a prática das instituições educacionais.

> Ultimamente tem-se escrito e falado muito sobre a ideia de vincular a formação a um projeto de trabalho dos cursos de formação de professores, mas isso aconteceu pouco na prática.

> Potencializar a troca de experiências entre indivíduos tratados iguais e a comunidade pode possibilitar a formação em todos os campos de intervenção educacional e aumentar a comunicação entre a realidade social e os professores.

Além disso, potencializar a troca de experiências entre indivíduos tratados iguais e a comunidade, dentro de um projeto educativo comunitário, pode possibilitar a formação em todos os campos de intervenção educacional e pode aumentar a comunicação entre a realidade social e os professores, algo tão necessário em uma nova forma de educar. Assim, rompe-se com o conhecido isolamento, o "celularismo" escolar, que não impede a inovação nas instituições educacionais e em outras instituições, mas, ao contrário, que a produz individualmente – isolada, pessoal e intransferível. Um individualismo que todos censuram e que, no entanto, não se tenta combater nos contextos políticos educativos. Será por que o professor isolado é mais vulnerável às políticas econômicas e sociais?

A formação não significa apenas aprender mais, inovar mais, mudar mais ou aquilo que se queira acrescentar aqui, mas pode ser uma arma crítica contra práticas laborais, como por exemplo a hierarquia, o abuso de poder, a miséria econômica de muitos educadores, o sexismo, a xenofobia, a proletarização, o individualismo, etc., e pode promover uma formação centrada no combate a práticas sociais como a exclusão, a segregação, o racismo, a intolerância, entre outros. Mais além da formação em tímidos cursos sobre didática e temas transversais, trata-se de gerar verdadeiros projetos de intervenção comunitária nas cidades. Iniciativa que necessita de políticas e instituições de formação próximas aos professores. No entanto, a experiência nos tem demonstrado que essas instituições, chamadas comumente de "cursos de formação de professores" ou similares, deveriam reunir todos os serviços educativos para estabelecerem uma coerência nas políticas e na prática com os professores e, assim, estarem aptos a oferecer ajuda e acompanhamento da formação, mediante assessores formados especificamente como assessores de procedimento, colegas acompanhantes ou amigos críticos.

> A formação também pode ser uma arma crítica contra práticas laborais, como a hierarquia, o abuso de poder, a miséria econômica de muitos educadores, o sexismo, a xenofobia, a proletarização, o individualismo, etc.

Já sabemos que a capacidade profissional dos professores não termina na formação técnica, disciplinar e conceitual, mas que alcança o terreno prático e as concepções pelas quais se estabelece a sua ação pedagógica. A formação continuada deveria apoiar, criar e potencializar uma reflexão real dos sujeitos sobre sua prática docente nas instituições educacionais e em outras instituições, de modo que lhes permitisse examinar suas teorias implícitas, seus esquemas de funcionamento, suas atitudes, etc., estabelecendo de forma firme um processo constante de autoavaliação do que se faz e por que se faz. Uma orientação formadora voltada para esse processo de reflexão, e os pressupostos políticos subjacentes a ela, exige uma definição crítica[2] da organização e da metodologia da formação continuada dos professores, já que deve ajudar os sujeitos a revisarem os pressupostos ideológicos e comportamentais que estão na base de sua prática. Isso supõe que a formação continuada deva se estender ao terreno das capacidades, habilidades, emoções e atitudes e deva questionar continuamente os valores e as concepções de cada professor e da equipe de forma coletiva.

> A formação continuada deveria promover a reflexão dos professores, potencializando um processo constante de autoavaliação sobre o que se faz e por que se faz.

A formação distante da prática docente deveria ser reduzida. Nessa formação, os aspectos quantitativos são mais valorizados que os qualitativos, existe um marcado caráter individualista, cuja origem está nos modelos transmissores de estilo tecnocrático, mercantilista e meritocrático. Assim, poderá ser potencializada uma formação mais ligada à prática e que fomente a autonomia dos professores na gestão de sua própria formação.

> A formação continuada deve se estender ao terreno das capacidades, habilidades, emoções e atitudes e deve questionar continuamente os valores e as concepções de cada professor e da equipe de forma coletiva.

Trata-se de abandonar o conceito tradicional de que a *formação continuada* de professores é a atualização científica, didática e psicopedagógica, que pode ser recebida mediante certificados de estudo ou de participação em cursos de instituições superiores, de sujeitos ignorantes, em benefício da forte crença de que esta formação continuada deva gerar modalidades que ajudem os professores a descobrir sua teoria, a organizá-la, a fundamentá-la, a revisá-la e a destruí-la ou construí-la de novo. O abandono aqui proposto acarreta uma mudan-

A formação continuada deve gerar modalidades que ajudem os professores a descobrir sua teoria, a organizá-la, a fundamentá-la, a revisá-la e a destruí-la ou construí-la de novo, abandonando o conceito tradicional de formação continuada e professores como sendo a atualização científica, didática e psicopedagógica de sujeitos ignorantes.

ça radical da forma de pensar a formação, já que não supõe tanto desenvolver modalidades centradas nas atividades de sala de aula, muito menos ver o professor como um aplicador de técnicas pedagógicas, mas, sim, comprometer-se com uma formação dirigida a um sujeito que tem capacidades de processamento da informação, de análise e reflexão crítica, de decisão racional, de avaliação de processos e reformulação de projetos, tanto laborais quanto sociais e educacionais, em seu contexto e com seus colegas.

RESUMO

Uma nova forma de ver a educação e a formação dos professores passa necessariamente por uma compreensão sobre o que está ocorrendo diante das especificidades das áreas do currículo, das mudanças vertiginosas do contexto, da veloz implantação das novas tecnologias da informação, da forma de organização nas instituições escolares, da integração escolar entre crianças diferentes, do respeito ao próximo, de tudo que nos rodeia e do fenômeno intercultural.

As novas experiências para uma nova escola deveriam buscar novas alternativas, um ensino mais participativo, no qual o fiel protagonista histórico do monopólio do saber, o professor, compartilhe seu conhecimento com outras instâncias socializadoras que estejam fora do estabelecimento escolar. Buscar, sem entraves, novas alternativas para a aprendizagem, tornando-a mais cooperativa, mais dialógica e menos individualista e funcionalista, mais baseada no diálogo entre indivíduos iguais e entre todos aqueles que têm algo a escutar e algo a dizer a quem aprende. Tudo isso implica uma nova maneira de ver a formação docente.

Em minha opinião, esta nova formação deveria partir não apenas do ponto de vista dos especialistas, mas também da grande contribuição da reflexão prático-teórica que os professores realizam sobre seu próprio fazer. Quem melhor pode realizar uma análise da realidade – uma compreensão, interpretação e intervenção sobre esta – do que o próprio professor? As instituições educacionais e a comunidade devem ser o foco da formação continuada e os professores, os sujeitos ativos e protagonistas da mesma.

Enfim, as novas alternativas à formação continuada dos professores passam pela sua transformação: uma formação mais dialógica, participativa e ligada às cidades ou às instituições educacionais e a projetos de inovação, menos individualista, *standard* e funcionalista, mais baseada no diálogo entre indivíduos iguais e também entre todos aqueles que têm algo a dizer e algo a contribuir com a pessoa que aprende. Uma formação continuada centrada em cinco grandes linhas ou ideias de atuação:

- A reflexão prático-teórica do docente sobre a sua própria prática, mediante uma análise da realidade educacional e social de seu país, sua compreensão, interpretação e intervenção sobre a mesma. A capacidade dos professores de gerar conhecimento pedagógico por meio da análise da prática educativa.
- A troca de experiências, escolares, de vida, etc., e a reflexão entre indivíduos iguais para possibilitar a atualização em todos os campos de intervenção educacional e aumentar a comunicação entre os professores.
- A união da formação a um projeto de trabalho, e não ao contrário (primeiro realizar a formação e depois um projeto).
- A formação como arma crítica contra práticas laborais, como a hierarquia, o sexismo, a proletarização, o individualismo, etc., e contra práticas sociais, como a exclusão e a intolerância.
- O desenvolvimento profissional da instituição educacional mediante o trabalho colaborativo, reconhecendo que a escola está constituída por todos e que coincidimos na intenção de transformar essa prática. Possibilitar a passagem da experiência de inovação isolada e celular para a inovação institucional.

NOTAS

1. Uma leitura recomendável de seu pensamento é encontrada em Freire (2004).
2. Questionar as experiências, tradições, pautas; relacionar-se com o contexto; buscar alternativas; aplicar e recuperar a imaginação, e passar as "verdades certas" pelo filtro da dúvida.

O QUE FAZER NA PRÁTICA DA FORMAÇÃO?

- A observação entre colegas sem que seja uma avaliação nem uma autoavaliação, mas, sim, uma disposição para se compartilhar e refletir sobre a experiência. Mostrar-se aberto e desejar a mudança.
- Descentralizar a formação continuada institucional. Levar em conta a importância do contexto e a diversidade no trabalho docente.
- Estabelecer redes de troca.
- Desenvolver mais formação em atitudes.
- Criar cursos de formação integrais de professores, que ofereçam todos os serviços educativos.
- A formação continuada não deve ser uma sobrecarga para o trabalho docente, senão um processo complementar que faz parte de sua profissão.
- Potencializar a autonomia desses cursos de formação de professores na elaboração de planos de formação (e também, a médio e a longo prazos, a autonomia da instituição educacional).
- Unir a formação aos projetos de mudança no contexto de trabalho educativo.

E outros aspectos específicos que irão aparecendo nos próximos capítulos deste livro.

As sete lições que Fullan nos expõe para a mudança também podem ajudar (Day, 2006, p.169):

- *A finalidade moral é complexa e problemática*
  É pouco provável que as iniciativas de cima para baixo, que não se conectam com os fins morais dos professores e apenas exigem docilidade, consigam o compromisso deles. É necessário que a mudança seja impulsionada tanto por ordens de baixo para cima quanto de cima para baixo.

- *As teorias da mudança e as da educação necessitam-se mutuamente*
  As escolas são diferentes, logo a teoria apenas pode servir de guia. Não há um plano adequado para todas as situações e, portanto, deve-se estar preparado para adaptá-lo.

- *O conflito e a diversidade são nossos amigos*
  Um processo de mudança implicará trabalhar, inevitavelmente, em meio a incômodos, tensões e incertezas. Desde o princípio convém abordar a dimensão emocional da mudança.

- *Compreender o significado de atuar à beira do caso*
  Deve-se estar disposto a correr riscos e a aprender com a experiência.

- *A inteligência emocional contém e provoca a ansiedade*
  A emoção é importante para enfrentar o desconhecido; controlar as emoções próprias e as dos outros é vital.

- *As culturas colaborativas provocam e contêm ansiedade.*
  O reconhecimento de que todos os implicados devem aceitar a diversidade para que a colaboração seja eficaz. O reconhecimento da individualidade na colaboração é uma expressão de confiança, empatia e conexão.
- *Combater a incoerência: a conexão e a criação de conhecimentos são críticas.*
  Deve-se entrar em acordo sobre os fins morais da organização, compreendê-los, articulá-los e comunicá-los, para que o conhecimento seja sustentado.
- *Não existe apenas uma solução, como críticos devemos configurar teorias e ações pessoais.*
  Quem faz a mudança são os professores. Se queremos mudar, devemos criar uma comunidade criticamente reflexiva e comprometida com a educação.

A formação continuada deve agir sobre as situações problemáticas dos professores

4

A formação *standard* aplicada à formação docente tenta dar respostas a todos de forma igual mediante a solução de problemas genéricos. A formação clássica é formação de problemas, mas, na formação continuada, não há problemas genéricos, mas, sim, situações problemáticas. Passar de uma para outra nos dará uma nova perspectiva de formação.

É evidente que o comum a todos deve ser aprendido em comum. Por outra parte, não se deve acreditar que cada cidadão pertence a si mesmo, senão que todos pertencem à cidade; e se cada indivíduo é parte da cidade, o que se faça por cada parte deve estar naturalmente em harmonia com o que se faça pelo todo.
(Aristóteles, *A política*, Livro V, capítulo 1, 2)

OS PROBLEMAS NÃO SÃO GENÉRICOS

Historicamente, os processos de formação foram realizados para dar solução a problemas genéricos, uniformes, padronizados. Tentava-se responder a problemas que se supunham comuns aos professores, os quais deveriam ser resolvidos mediante a solução genérica dada pelos especialistas no processo de formação. Isso acarretou para os processos de formação algumas modalidades em que predomina uma grande descontextualização do ensino, dos contextos reais dos educadores, já que para diferentes problemas educativos era sugerida a mesma solução, permanecendo-se à margem da situação geográfica, social e educativa concreta do professor e de quais fossem as circunstâncias de tal problema educacional.[1]

Formação não é treinamento

O tratamento da formação como um problema genérico ocasionou um sistema de formação *standard*, baseado em um modelo de treinamento.[2] Muitos professores estão acostumados a assistir cursos e seminários em que o palestrante é o especialista que estabelece o

54   Francisco Imbernón

> O tratamento da formação como um problema genérico ocasionou um sistema de formação *standard*, baseado em um modelo de treinamento.

conteúdo e o desenvolvimento das atividades. Em um curso ou em uma "sessão de treinamento", os objetivos e os resultados esperados estão claramente especificados e costumam ser definidos em termos de conhecimentos. Por exemplo, explicar os princípios da aprendizagem significativa ou do desenvolvimento de habilidades. Neste último caso, os participantes deverão demonstrar que sabem utilizar na discussão das aulas questões sem um esquema preestabelecido.

Neste modelo, o formador é quem seleciona as atividades que se supõem ajudar os professores a conseguirem os resultados esperados, como por exemplo, explicação, leituras, demonstração, jogo de papéis, simulação, explicações, etc.

A concepção básica que apoia "o treinamento" é a de que existe uma série de comportamentos e técnicas que merecem ser reproduzidos pelos professores nas aulas, de forma que, para aprendê-los, são utilizadas modalidades como cursos, seminários dirigidos, oficinas com especialistas ou como se queira denominá-los. Neles a ideia que predomina é a de que os significados e as relações das práticas educacionais devem ser transmitidos verticalmente por um especialista que soluciona os problemas sofridos por outras pessoas: os professores.

> Historicamente, a base científica dessa forma de tratar a formação continuada de professores foi o positivismo, uma racionalidade técnica que buscava com afinco, nas pesquisas em educação, ações generalizadoras para levá-las aos diversos contextos educacionais.

Historicamente, a base científica dessa forma de tratar a formação continuada de professores foi o positivismo, uma racionalidade técnica que buscava com afinco, nas pesquisas em educação, ações generalizadoras para levá-las aos diversos contextos educacionais. A formação por intermédio de exemplos bem-sucedidos de outros, sem passar pela contextualização, pelo debate e pela reflexão, tentava dar resposta, sem muito eco, a esse ilusório problema comum.

> Acreditava-se de forma ilusória que mudando os professores, mudaria a educação e suas práticas, sem se levar em conta a idiossincrasia do indivíduo e do contexto.

Com esta poção mágica, que o formador-treinador colocava à disposição de todos os professores assistentes desses cursos, acreditava-se de forma ilusória que mudando os professores, mudaria a educação e suas práticas, sem se levar em conta a idiossincrasia do indivíduo e do contexto.

A importância da diversidade

> Na realidade dos professores há muitas situações problemáticas que ocorrem em contextos sociais e educacionais determinados. Assim, o contexto em que se dão as práticas educativas assume uma importância decisiva.

É evidente, desde há muito tempo, que, na realidade dos professores, não há tantos problemas genéricos, senão muitas situações problemáticas que ocorrem em contextos sociais e educacionais determinados, os quais se tornaram mais complexos ultimamente. Na formação, o contexto em que se dão as práticas educativas, ou seja, a própria instituição educacional e a comunidade que a envolve, assume uma importância decisiva.

▶ Em primeiro lugar, encontramos diversas tipologias de professores.

▶ Em segundo lugar, encontramos um desempenho profissional diversificado com desenvolvimentos profissionais específicos.
▶ Em terceiro lugar, há variação na zona de trabalho: rural, semirrural, urbana, suburbana, e o clima de trabalho dentro da instituição educacional.

Essas características pessoais e os diversos interesses implicados configuram uma série de elementos que tanto podem favorecer a formação quanto se tornar um obstáculo para ela mediante certas resistências. Por exemplo, a diversidade pode fazer com que, por um lado, pensemos que a formação apenas alcança aqueles que já estão predispostos a ela e, por outro, com que nos centremos em temas que são de nosso interesse prévio e não nos que são necessários, mas isso ocorre como na própria vida.

Se a diversidade das práticas educativas é evidente, se o contexto influi na forma de ensinar e pensar a educação, se é difícil falar de professores, sendo melhor falar "profissionais e professores", a alternativa a essa formação padronizadora e solucionadora de problemas genéricos (ao "treinamento") é a sua progressiva substituição, dirigida por especialistas acadêmicos que dão soluções a tudo, por uma formação que se aproxime das situações problemáticas em seu próprio contexto, isto é, da prática das instituições educacionais. Uma formação que, partindo das complexas situações problemáticas educacionais, ajude a criar alternativas de mudança no contexto em que se produz a educação; que ajude mais do que desmoralize quem não pode pôr em prática a solução do especialista, porque seu contexto não lhe dá apoio ou porque as diferenças são tantas, que é impossível reproduzir a solução, ao menos que esta seja rotineira e mecânica.

Na atualidade, temos certeza de que a educação só mudará se os professores mudarem, mas os contextos em que esses interagem também deverão fazê-lo. Se o contexto não muda, podemos ter professores mais cultos e com mais conhecimento pedagógico, mas não necessariamente mais inovadores, já que o contexto pode impossibilitar-lhes o desenvolvimento da inovação ou pode levá-los a se recolherem em seus microcontextos, sem repercutirem com sua prática uma inovação mais institucional.

A formação continuada de professores, na análise da complexidade dessas situações problemáticas, necessariamente requer dar a palavra aos protagonistas da ação, responsabilizá-los por sua própria formação e desenvolvimento dentro da instituição educacional na realização de projetos de mudança. A prática teórica, mais que a "teoria-prática" usual nas modalidades *standard*, se não é unicamente

> As características pessoais e os diversos interesses configuram uma série de elementos que podem favorecer ou se tornar um obstáculo à formação: diversas tipologias de professores, um desempenho profissional diversificado com desenvolvimentos profissionais específicos, variação na zona de trabalho e no clima de trabalho dentro da instituição educacional.

> A alternativa à formação padronizadora e solucionadora de problemas genéricos é a sua progressiva substituição por uma formação que se aproxime da prática das instituições educacionais e que ajude a criar alternativas de mudança no contexto em que se dá a educação.

"teoria-teoria", destaca-se conjuntamente com a reflexão sobre o que acontece em minha/nossa ação educativa como elemento importante nesta forma de pensar a formação continuada de professores.

Algumas mudanças necessárias

A formação baseada em situações problemáticas centradas nos problemas práticos responde às necessidades definidas da escola. A instituição educacional converte-se em um lugar de formação prioritário mediante projetos ou pesquisas-ações frente a outras modalidades formadoras de treinamento. A escola passa a ser foco do processo "ação-reflexão-ação" como unidade básica de mudança, desenvolvimento e melhoria. Não são iguais a escola em que se produz uma inovação esporádica e a escola que é sujeito e objeto da mudança.

Portanto, para que se dê essa formação, é preciso promover a autonomia das instituições escolares e as condições necessárias para que esta se produza: capacidade de mudança e de automudança. Será imprescindível uma reconstrução da cultura escolar como objetivo final e de processo, pois a instituição deve aprender a modificar a própria realidade cultural das escolas.

No entanto, para realizar uma formação das situações problemáticas, deve-se partir das necessidades reais, e a estrutura escolar deve contemplar a participação dos indivíduos. Participar da formação significa participar de uma maneira consciente, o que implica suas éticas, seus valores, suas ideologias, fato que nos permite compreender os outros, analisar suas posições e suas visões. Também é fundamental que a formação suponha uma melhoria profissional inteligível e suficientemente explicitada e resulte compreensível. A formação, enquanto processo de mudança, sempre gerará resistências, mas estas terão um caráter mais radical, se a formação for vivida como uma imposição arbitrária, aleatória, não verossímil e pouco útil.

Esta participação implica na criação de um sistema de comunicação mediante o qual se possa chegar às pessoas envolvidas, para que as mesmas se responsabilizem realmente no processo organizativo, na direção, na coordenação e nas tomadas de decisão da área. A fim de conseguir esse nível de participação, será fundamental oferecer aos envolvidos os meios para adaptarem continuamente a formação às suas necessidades e aspirações. A participação não será somente necessária na etapa de organização, mas também no momento de levar a formação para a prática, de modo que se estabeleça um processo contínuo de modificação e introdução das **estratégias**, baseado na experiência acumulada e ao mesmo tempo nas novas necessidades detectadas.

A vantagem que significa para o profissional em exercício trabalhar neste contexto está no fato de sua experiência permitir-lhe desenvolver um papel construtivo e criativo no processo de planejamento e decisão, e não um papel somente técnico, em que se dá uma subordinação à produção de conhecimento, uma separação entre a teoria e a prática, um isolamento profissional, uma marginalização dos problemas morais, éticos e políticos, uma tendência à formação de grupos fechados e uma descontextualização que constituem verdadeiros obstáculos para a formação. A não participação e a não implicação são, sem dúvida, obstáculos dificilmente superáveis, quando se tenta levar a cabo uma formação em um contexto determinado.

Tudo isso supõe um papel mais ativo dos professores no projeto, no desenvolvimento, na avaliação e na reformulação das estratégias e dos programas de pesquisa de intervenção educacional.

> A não participação e a não implicação são obstáculos dificilmente superáveis, quando se tenta levar a cabo uma formação em um contexto determinado. Isso supõe um papel mais ativo dos professores no projeto, no desenvolvimento, na avaliação e na reformulação de estratégias e de programas de pesquisa de intervenção educacional.

RESUMO

Realizar uma formação genérica em problemas que têm solução para todos os contextos não repercute na melhoria dos professores. Na formação, os professores têm situações problemáticas.

Para ativar a análise dessas situações problemáticas, deve-se conectar conhecimentos prévios a novas informações em um processo cíclico de inovação-formação-prática. É preciso partir do fazer dos professores para melhorar a teoria e a prática.

A análise das situações problemáticas leva à promoção da inovação institucional como objetivo prioritário da formação continuada; à crença na capacidade dos professores de formularem questões válidas sobre sua própria prática e de definirem objetivos que tratem de responder a tais questões, partindo-se do pressuposto de que os docentes podem se propôr a uma pesquisa competente, baseada em sua experiência; à tendência dos professores de buscarem dados para responderem a questões relevantes e de refletirem sobre eles para obterem respostas a situações problemáticas do ensino; ao desenvolvimento dos professores de novas formas de compreensão, quando eles mesmos contribuem na formulação de suas próprias perguntas e recolhem seus próprios dados a fim de obter respostas. Assim, é possível que se gere um conhecimento válido mediante a formação.

A formação sobre situações problemáticas no contexto em que se produzem permite compartilhar evidências e informação e buscar soluções. A partir daqui e mediante colaboração, os problemas importantes são abordados, aumentando-se com isso as expectativas que favoreçem os estudantes e permitindo que os professores reflitam sozinhos ou em grupo sobre os problemas que lhes concernem.

NOTAS

1. Com o termo **modalidades de formação** estamos referindo-nos à análise das práticas e dos conteúdos que são dados e compartilhados no processo de formação (o modo). Sendo mais específicos, podemos agregar à definição oferecida pelo MEC (1994), na qual de se define a "modalidade formativa" como "as formas que as atividades de formação dos professores adotam no desenvolvimento dos processos formativos, em virtude de alguns traços que se combinam de distinta maneira em cada caso: o modo de participação (individual ou coletiva), o nível de planejamento da atividade (existência de um projeto ou não, planejamento fechado ou não, etc.), os papéis e interações dos sujeitos que intervêm (organizadores e organizadoras, 'especialistas', assessores, participantes, entre outros), o nível de implicação exigido dos participantes e seu maior ou menor grau de autonomia, a dinâmica e a estrutura internas das sessões e as estratégias preferidas com as quais se desenvolvem, etc.".
2. Na mente de muitos formadores e educadores, "treinamento" é sinônimo de formação continuada e se configura como o modelo que leva os professores a adquirir conhecimentos ou habilidades por meio da instrução individual ou grupal, conduzida por um especialista.

O QUE FAZER NA PRÁTICA DA FORMAÇÃO?

1. Formação a partir de dentro para analisar as situações problemáticas

A formação a partir de dentro é fruto da decisão ou aceitação de um grupo de professores e pode ter as seguintes características:

- A finalidade é atender às necessidades ou situações problemáticas coletivas. A organização é um todo.
- Seus resultados afetam o grupo. Pretende a inovação institucional. O compromisso será fundamental.
- Reforça o sentido de pertença. Todos temos problemas parecidos no mesmo contexto ou, ao menos, os compartilhamos.
- Reforça o autoconceito. Começo a me ver refletido (eu e meus problemas) nos demais, começo a conhecer a mim mesmo por meio do confronto de opiniões com pessoas em que confio. São meus próprios colegas.

- A amizade dos colegas da equipe me dá segurança. São fundamentais o ambiente informal e a comodidade das relações.
- A autoestima se potencializa, o indivíduo sente-se aceito, seguro, compartilha seus problemas sem dificuldade. Enfim, melhora a opinião sobre si mesmo.
- O indivíduo sente-se abrigado (sentimento de pertença). Pode consultar sobre dúvidas, experiências, atividades, etc., com outras pessoas de sua própria instituição e com a ideia de que elas estão fazendo o mesmo.
- Suas conquistas estão voltadas para a promoção da mudança na totalidade da instituição ou em boa parte dos educadores, se não for possível alcançar todos.

2. Análise crítica de casos (ou de casos-situações problemáticas)

As sessões de análise crítica de casos podem ser uma fonte de desenvolvimento pessoal e profissional. Para isso será necessário:

- Descrever e analisar situações específicas.
- Gerar ideias conjuntamente.
- Buscar conhecimentos que nos ajudem a analisar o caso.

O primeiro passo no processo de análise de casos é fazer um resumo e uma avaliação da situação atual. Isto facilitará a identificação das situações problemáticas e será útil para propor alternativas e tomar decisões específicas sobre o rumo possível das ações. A análise da situação interpreta e mostra a relevância de ter ou buscar informação importante e de diagnosticar, em vez de divagar em descrições sobre antecedentes do caso.

Cada caso requer uma análise da situação que é diferente de qualquer outro caso, pois a informação disponível e as alternativas potenciais que devem ser exploradas são únicas.

3. Diagnosticar as situações problemáticas coletivas

Será fundamental no processo de formação diagnosticar as situações problemáticas do grupo. Isso se pode fazer mediante a reflexão e a análise de situações problemáticas da prática. Como:

- Não se deve partir de carências ou deficiências, mas, sim, da melhoria e do desenvolvimento das situações problemáticas.
- Mediante um acordo inicial sobre o acompanhamento do processo de formação por parte da instituição educacional ou de um grupo de professores, o que implica reconhecer a experiência e facilitar recursos ao grupo de docentes, a fim de que realizem seus propósitos. Predisposição ao diálogo, à decisão e à ação.

- Os professores participantes devem receber uma formação que lhes permita adquirir os conhecimentos e as estratégias necessários, para levarem a cabo seus propósitos (projeto-formação).
- Os professores devem ter tempo para se reunirem, refletirem e desenvolverem o projeto.
- A equipe de professores deve dispor de recursos financeiros para adquirir materiais, visitar outras instituições, recorrer a assessores para consultar sobre as decisões que tomam e sobre o processo que seguem.
- O projeto precisa ter uma direção que oriente e guie o processo, a fim de que as decisões significativas sejam tomadas por todos os professores participantes.

Será imprescindível considerar, por um lado, a experiência pessoal e profissional dos professores, suas motivações e seu meio de trabalho e, por outro, a participação dos interessados na formação e na tomada de decisões que lhes concirnam diretamente.

No Quadro 4.1 exponho um processo que pode ajudar a elaborar um projeto de inovação, baseado em situações problemáticas. A partir dos princípios anteriores, tenta-se explicar o processo para chegar a vislumbrar essa possível solução coletiva.

QUADRO 4.1

Planos de Formação	Processo
A. Análise de situações problemáticas. Sensibilização/ informação coletiva	1. Análise da instituição educacional, do contexto e da comunidade. Onde estamos? 2. Análise coletiva • Qual vai ser o papel de cada um. • Prévias. • Tempo das reuniões. • Compromissos. 3. Análise, discussão e proposta coletiva sobre a situação problemática a ser tratada. Podem-se aplicar técnicas de análise colaborativa para identificar a situação problemática. O que queremos?
B. Elaboração do plano de ação para a solução da situação problemática e para a formação necessária que o execute	4. Promover ao máximo possível a participação de todo o grupo. 5. Elaborar alternativas de mudança. Reivindicar, se é imprescindível, um apoio da formação (externa ou interna) para a elaboração do projeto. Se preciso, buscar documentação. 6. Discutir condições laborais (flexibilidade de horário) e responsabilidades nos diferentes âmbitos em que o plano de ação se desenvolva. 7. Promover propostas de ação e de avaliação do projeto que permitam uma permanente retroalimentação.

(Continua)

QUADRO 4.1 (*Continuação*)

Planos de Formação	Processo
C. Desenvolvimento do plano, acompanhamento coletivo e avaliação.	8. Execução do plano de ação para solucionar a situação problemática. Reuniões de acompanhamento. Instrumentos de coleta de informação sobre o desenvolvimento do plano. Solicitação de ajuda externa si necessário. 9. Reuniões para troca de experiências entre professores. Explicitação das vivências sobre a execução do plano. Estabelecimento de melhorias constantes. 10. Avaliação final.

Na formação é necessário abandonar o individualismo docente a fim de chegar ao trabalho colaborativo[1]

A profissão docente tem sua parte de individualidade, mas também necessita de uma parte colaborativa. Educar na infância e na adolescência requer um grupo de pessoas (para não mencionar a famosa frase indígena "necessita de todo um povo para ser educado"). Portanto, a formação continuada, para desenvolver processos conjuntos e romper com o isolamento e a não comunicação dos professores, deve levar em conta a formação colaborativa.

O poder de um professor isolado é limitado. Sem seus esforços jamais se poderá conseguir a melhoria das escolas; mas os trabalhos individuais são ineficazes se não estão coordenados e apoiados.

(Stenhouse, 1987)

DO TRABALHO INDIVIDUAL AO TRABALHO COLABORATIVO

Um dos processos mais importantes que houve na escolarização nos últimos 10 anos foi o trabalho conjunto de um grupo de professores com um grupo de crianças de diversas idades em um centro escolar agrupado*. Por exemplo, a escola *cartón de huevos***, descrita por Lortie em 1975, um dos pioneiros em diagnosticar os perigos do individualismo docente. O certo é que as escolas unitárias tinham um traço mais de romantismo, sobretudo na lembrança das pessoas que as frequentaram, mas também é certo que as crianças continuavam seus estudos depois das chamadas primeiras letras.

O acesso de toda a população à escolarização, a aglomeração urbana, as novas tecnologias da comunicação, a mudança familiar,

---

*N. de T. Na Espanha, um "centro escolar agrupado" é uma escola que tem salas de aula espalhadas por vários povoados e que representa um modelo de organização escolar que busca uma maior qualidade da educação. Os colégios rurais agrupados são um exemplo.
**N. de T. A metáfora "cartón de huevos", ou "caixa de ovos", refere-se às escolas com uma arquitetura que pode induzir ao individualismo, por exemplo, com prédios afastados e salas separadas com divisórias.

entre outros fatores, originaram uma instituição escolar que foi mais além da antiga escola unitária, na qual um ou dois professores trabalhavam isolados. Isso não implica preservar aquelas escolas unitárias, em que esse isolamento era inevitável pelo difícil acesso dos meios de transporte ou por outros elementos contextuais. Mesmo assim, neste capítulo não me refiro a esse individualismo forçado, mas, sim, ao individualismo escolhido pelo professor ou desenvolvido pela cultura profissional.

O que pretendo analisar é que atualmente o ensino se converteu em um trabalho coletivo necessário e imprescindível para melhorar o processo de trabalho dos professores, a organização das instituições educacionais e a aprendizagem dos alunos. Mas essa escola *cartón de huevos* propicia uma cultura individualista e de afastamento, com suas vantagens e inconvenientes. É importante examinar se essa cultura acarreta mais inconvenientes que vantagens.

Apesar disso, não devemos confundir o "isolamento" do "individualismo" com a "individualidade" ou "individualização" (Beck e Beck-Gernsheim, 2003), já que a individualidade é a "capacidade para exercitar o juízo livre de restrições e independente" (Hargreaves, 1998, p.206) e a individualização pressupõe o indivíduo como diferente, como ator, criador e autor de sua própria biografia, de sua identidade, de suas redes sociais, compromissos e convicções. A individualidade e a individualização podem ser boas, porque o professor necessita de momentos para repensar seu "projeto de vida". Pode ser positivo realizar práticas individuais,[2] mas isso pode resultar em um certo isolamento. Toda prática profissional e pessoal necessita, em algum momento, de uma situação de análise e de reflexão sobre o que se deve e o que se pode realizar sozinho.

Além disso, também não devemos confundir a colaboração com processos forçados, formalistas ou de adesão a modas, as quais costumam ser mais nominais e atrativas do que os processos reais de colaboração.

Formação continuada *versus* individualismo

A formação continuada de professores pode ajudar a romper com a cultura individualista, já que a formação coletiva supõe uma atitude constante de diálogo, de debate, de consenso e a metodologia de trabalho e o clima afetivo são pilares do trabalho colaborativo.

Um dos procedimentos que podem ajudar a romper com esse individualismo é a formação continuada de professores. Existem duas formas:

▸ Realizando uma formação colaborativa do grupo docente com o compromisso e a responsabilidade coletiva, com interdependência de metas para transformar a instituição educacional em um lugar de formação continuada, como um processo comunicativo compartilhado, para aumentar o conhecimento profissional pedagógico e a autonomia (autonomia participativa e nãoconsentida). Trata-se de fazer com que se veja a formação como parte intrínseca da profissão, assumindo uma interiorização cotidiana dos processos formadores e com um maior controle autônomo da formação. Mas essa formação coletiva também supõe uma atitude constante de diálogo, de debate, de consenso não imposto, de enfrentamento do conflito, de indagação de forma colaborativa para o desenvolvimento da organização, dos indivíduos e da comunidade que os envolve.

> O trabalho colaborativo entre os professores não é fácil, busca propiciar espaços onde se produza o desenvolvimento de habilidades individuais e grupais de troca e de diálogo, a fim de se conhecerem, compartilharem e ampliarem as metas de ensino.

- Desenvolvendo uma formação continuada em que a metodologia de trabalho e o clima afetivo sejam os pilares do trabalho colaborativo. Um clima e uma metodologia de formação que coloquem os professores em situações de identificação, de participação, de aceitação de críticas e de discrepância, suscitando a criatividade e a capacidade de regulação. Trata-se da capacidade de respeitar a diferença e de elaborar itinerários diferenciados, com distintas ferramentas e com um caráter aberto e gerador de dinamismo e de situações diversas.

Se analisamos este segundo item, já que o primeiro foi analisado no capítulo anterior, sob meu ponto de vista, seria preciso na metodologia formadora partir de modalidades e **estratégias de formação** organizadas sobre a base do trabalho em grupo e seria preciso centrar-se em um trabalho colaborativo, para assim se chegar à solução de situações problemáticas. A colaboração é um processo que pode ajudar a entender a complexidade do trabalho educativo e a dar respostas melhores às situações problemáticas da prática.

No entanto, também é certo que o trabalho colaborativo entre os professores não é fácil, já que é uma forma de entender a educação que busca propiciar espaços onde se dê o desenvolvimento de habilidades individuais e grupais de troca e de diálogo, a partir da análise e da discussão entre todos no momento de explorar novos conceitos. Tudo para que cada um conheça, compartilhe e amplie as metas de ensino e a informação que possui sobre um tema. Cada um dos membros do grupo é responsável tanto por sua aprendizagem quanto pela dos outros. Os professores compartilham a interação e a troca de ideias e conhecimentos entre os membros do grupo.

Isso supõe uma formação voltada para um processo que provoca uma reflexão baseada na participação, com contribuição pessoal, não rigidez, motivação, metas comuns, normas claras, coordenação, autoavaliação, e mediante uma metodologia de formação centrada em casos, trocas, debates, leituras, trabalho em grupo, in-

> Uma metodologia de formação deveria estar fundamentada nos seguintes princípios: propiciar uma aprendizagem da colegialidade participativa; estabelecer uma correta sequência formadora que parta dos interesses e das necessidades dos assistentes da formação; partir da prática dos professores; criar um clima de escuta ativa e de comunicação; elaborar projetos de trabalho em conjunto; superar as resistências ao trabalho colaborativo e conhecer as diversas culturas da instituição.

cidentes críticos, situações problemáticas, etc. Supõe a exigência de uma abordagem crítica e não domesticada da formação, uma análise da prática profissional a partir da perspectiva dos supostos ideológicos e atitudinais que estão em sua base. Portanto, a formação continuada deverá se estender ao terreno das capacidades, habilidades e atitudes com uma nova metodologia de formação, que deve estar fundamentada em diversos pilares ou princípios:

- Aprender de forma colaborativa, dialógica, participativa, isto é, analisar, comprovar, avaliar, modificar em grupo. Propiciar uma aprendizagem da colegialidade participativa e não artificial, pois quando artificial ela é frequentemente provocada pela obrigação externa de se realizarem certos trabalhos que demandam um projeto coletivo, mas que acabam não tendo o necessário processo real de colaboração.
- Estabelecer uma correta sequência formadora, que parta dos interesses e das necessidades dos assistentes da formação.
- Aprender sobre a prática mediante a reflexão e a resolução de situações problemáticas. Partir da prática dos professores. Como disse Perrenoud (2004, p.76):

> [...] partir das práticas e das representações dos educadores formados debilita qualquer planejamento e inclusive qualquer preparação profunda; se se parte das perguntas e das práticas dos educadores em formação, é inútil criar um currículo, tem-se que improvisar, trabalhar intensamente durante as pausas e entre as sessões, para construir uma formação "sob medida".

- Aprender em um ambiente de colaboração, de diálogo profissional e de interação social: compartilhar problemas, fracassos e sucessos. Criar um clima de escuta ativa e de comunicação.
- Elaborar projetos de trabalho em conjunto.
- Superar as resistências ao trabalho colaborativo, causadas por concepções de formas de aprender diferentes ou por modelos de ensino-aprendizagem distintos.
- Conhecer as diversas culturas da instituição para vislumbrar os possíveis conflitos entre colegas.

Na formação continuada, a metodologia deveria ser decantada por um processo de participação inerente a situações problemáticas, o qual não pode acontecer simplesmente por uma análise teórica da situação em si, mas sim por uma reinterpretação da situação no sentido de que necessita de uma solução, ou seja, de uma modificação da realidade.

A formação assume, assim, um conhecimento que lhe permite criar processos próprios de intervenção, em vez de dar uma instrumentação já elaborada. Para tanto, será necessário que o conhecimento seja submetido à crítica em função de seu valor prático e do seu grau de conformidade com a realidade, analisando-se os pressupostos ideológicos em que se baseia.

> A formação assume um conhecimento que deve ser submetido à crítica em função de seu valor prático e do seu grau de conformidade com a realidade, analisando-se os pressupostos ideológicos em que se baseia.

A formação individualista leva a uma formação personalista[3] *versus* colaborativa

Referimo-nos aqui à formação dirigida a uma pessoa individualmente, sem levar em consideração o grupo, a comunidade e o contexto em que se insere. Podemos afirmar que a formação personalista e isolada pode originar experiências de inovação, mas dificilmente originará uma inovação institucional e de pratica coletiva dos professores. Essa experiência de inovação nasce, reproduz-se e morre com o professor. É uma experiência de sala de aula que não repercute na coletividade, exceto honrosas e conhecidas exceções. A inovação institucional pretende que a inovação se estabeleça no coletivo, que faça parte da cultura profissional e que se incorpore aos processos educacionais como um processo normal de funcionamento. Essa inovação institucional é o objetivo prioritário da formação continuada.

> A inovação institucional é o objetivo prioritário da formação continuada. Pretende que a inovação se estabeleça no coletivo, que faça parte da cultura profissional e que se incorpore aos processos educacionais como um processo normal de funcionamento.

Nessa formação institucional de forma colaborativa deve-se evitar um dos grandes males da docência: o isolamento, o funcionamento celular ou o "celularismo escolar", no qual os membros da comunidade educativa assumem condutas e hábitos de trabalho em que prevalece o individualismo, a falta de solidariedade, a autonomia exagerada ou mal-entendida e a privacidade. A cultura do isolamento na profissão de educador fez com que se separasse o compromisso do trabalho, beneficiando aqueles que se comprometem pouco e facilitando, nas instituições educacionais, a falta de solidariedade, as lutas internas, o aparecimento daqueles padrões de trabalho, às vezes egoístas e competitivos, que favorecem uma atomização educativa, um contínuo pensar e trabalhar solitário, uma compartimentação e realização das coisas "à minha maneira". O isolamento gera incomunicabilidade, o indivíduo guarda para si mesmo o que sabe sobre a experiência educativa. Uma prática social como a educativa precisa de processos de comunicação entre colegas, por exemplo, explicar o que sucede, o que se faz, o que não funciona, o que obtém sucesso,

> O isolamento (funcionamento celular ou "celularismo escolar") deve ser evitado como um dos grandes males da docência. Nele os membros da comunidade educativa assumem condutas e hábitos de trabalho em que prevalece o individualismo, a falta de solidariedade, a autonomia exagerada ou mal-entendida e a privacidade.

> Uma forma de combater o individualismo é a formação colaborativa, tanto na instituição educacional quanto nos processos metodológicos da formação *standard*.

etc., sobretudo, compartilhar as alegrias e as penas que surgem no difícil processo de ensinar e aprender.

A cultura do isolamento, ou melhor, da não participação institucional, acaba se introduzindo na rotina, provocando o desencanto e a desilusão em vez da paixão pelo que se faz, o que favorece um tipo de sociedade egoísta, não solidária e competitiva que os professores acabam transmitindo. Na atualidade, é difícil encontrar uma profissão aberta ao ambiente social que trabalhe isolada e, ainda mais, que se forme isoladamente. A troca de dúvidas com outros, contradições, problemas, sucessos, fracassos é importante na formação dos indivíduos e em seu desenvolvimento pessoal e profissional.

Uma forma de combater esse isolamento e esse individualismo é a formação colaborativa, tanto na instituição educacional quanto nos processos metodológicos da formação *standard*. Os professores podem explicar o que lhes acontece, o que necessitam, quais seus problemas, entre outros, assumindo a posição de que não é um técnico que desenvolve ou implementa inovações prescritas por outros da forma como os acostumaram, mas de que são eles próprios, os professores, que podem participar ativa e criticamente, a partir de seus contextos educativos, de um processo de formação mais dinâmico e, obviamente, mais flexível – em que os seus colegas têm princípios iguais ou semelhantes, embora não coincidam em todos. Nesse momento aparece algo mais que palavras, surgem muitas dificuldades.

> As estruturas organizativas escolares não estão criadas para favorecer o trabalho colaborativo. A manutenção de situações e estruturas legitima e facilita a continuação de um trabalho isolado.

Uma das dificuldades mais importantes é que as estruturas organizativas escolares não estão criadas para favorecer esse trabalho colaborativo, já que foram instituídas em outra época e com outra maneira de pensar a educação. As salas de aula, que foram projetadas como celas; os agrupamentos homogêneos, sob critérios não coerentes; a hierarquização profissional dentro das instituições, que mais que estruturas de participação são estruturas de decisão; a crescente especialização entre os professores e a divisão do ensino (ciclos, etapas, níveis, cursos, etc.) limitam e impedem um modo de trabalhar em conjunto. Ao contrário, a manutenção dessas situações e estruturas legitimam e facilitam a continuação de um trabalho isolado, no qual os professores não necessitam tratar com os demais, exceto nos processos burocráticos. Não existe diálogo sobre o que acontece, e a troca é fictícia.

A fim de evitar essa cultura personalista, há uma série de modalidades e estratégias formadoras importantes e destacáveis que podem servir como base de uma formação continuada nos diversos contextos educacionais: a potencialização de grupos colaborativos, os movimentos de renovação pedagógica, o agrupamento de escolas rurais, as comunidades de formação ou de intelectuais em uma ou várias escolas, os grupos de projetos interdisciplinares, as redes telemáticas ou não telemáticas, a afiliação a organizações de educadores, os grupos de intercâmbio de ideias ou experiências, as equipes autônomas de pesquisa sobre a prática educativa, etc. A formação permanente deve incidir nesses aspectos e potencializá-los.

Para introduzir essa cultura colaborativa e romper com o personalismo e o individualismo pedagógico entre os professores, seria necessário reforçar os seguintes fatores na cultura dos professores, mediante a formação continuada:

> São modalidades e estratégias formadoras importantes que podem servir como base de uma formação continuada: a potencialização de grupos colaborativos, os movimentos de renovação pedagógica, o agrupamento de escolas rurais, as comunidades de formação ou de intelectuais em uma ou várias escolas, os grupos de projetos interdisciplinares...

- O desenvolvimento coletivo de processos autônomos no trabalho docente, de forma que os processos sejam entendidos como uma autonomia compartilhada, e não como uma mera soma de individualidades.
- O compartilhamento de processos metodológicos e de gestão nas instituições educacionais, embora não necessariamente a colaboração comporte o consenso de todos.
- A aceitação da indeterminação técnica, ou seja, aceitar a ideia de que ao se trabalhar com seres humanos, a racionalidade técnica não tem resposta para tudo ou para quase nada e tampouco para outros fatores intervenientes nos fatos sociais e educacionais. Relativizar a técnica pode evitar a angústia entre os professores e facilitar o diálogo sobre situações problemáticas, já que assim se questiona um determinado conceito de professor eficaz que impede a comunicação entre os docentes sobre suas falhas e seus erros que, às vezes, são comuns.
- Uma maior importância ao desenvolvimento pessoal mediante a possibilidade de engrandecer as atitudes e as emoções no coletivo e não ocultá-las, como tem sido comum nesta cultura profissional.
- A potencialização da autoestima coletiva diante dos problemas que aparecem na realidade social e no ensino. A instituição educacional é o reflexo fiel do que acontece na sociedade, e não é aceitável culpar os professores pelos muitos problemas que aparecem e que são produto das novas estruturas familiares e sociais.
- A criação e o desenvolvimento de novas estruturas organizativas nas instituições escolares que possibilitem um melhor ensino e uma maior colaboração nos processos de gestão.

> A formação continuada deve possibilitar: o desenvolvimento coletivo de processos autônomos no trabalho docente, o compartilhamento de processos metodológicos e de gestão, a aceitação da indeterminação técnica, uma maior importância ao desenvolvimento pessoal, a potencialização da autoestima coletiva e a criação e o desenvolvimento de novas estruturas.

Tudo isso pode ser obtido com estratégias, tais como:

- Modificar os elementos estruturais e didáticos por meio do compromisso de tomar decisões em grupo e de resolver conjuntamente as situações problemáticas.
- Mudar as relações de acordo com processos em que não há perdedores, mas, sim, oportunidades de se conhecer de maneira formal e informal.
- Aumentar a participação da comunidade para unir as várias consciências que compartilham preocupações.

Interpretando de forma muito ampla as ideias de Fullan e Hargreaves (1997), acrescentando-as e as adaptando à formação, podemos promover a cultura colaborativa nas instituições educacionais, dentro das estratégias mencionadas anteriormente, com a introdução dos seguintes fatores ou ideias:

- Explicar o que nos acontece e escutar a todos da mesma forma.
- Praticar e compartilhar a reflexão individual e coletiva. Conversar de forma reflexiva, descrever, discutir e debater os trabalhos dos alunos e o papel docente, problematizar o conhecimento ensinado, etc.
- Assumir o risco da inovação.
- Comprometer-se com o trabalho na instituição e com os demais.
- Não batalhar por coisas insignificantes. Aceitar a diversidade de opiniões sobre o ensino e a aprendizagem.
- Pedir ajuda aos colegas.
- Equilibrar trabalho docente e vida. Não falar sempre o mesmo.
- Reivindicar tempo e espaço para uma formação na instituição, com um projeto de mudança a partir das necessidades da instituição. Pedir ajuda, se necessário.
- Tornar o projeto compreensível a todos.
- Considerar que o mais importante são os alunos e que seu desenvolvimento é paralelo ao dos professores.

Se as atuações individualistas ou personalistas dos professores de uma instituição escolar desenvolvem-se tentando compartilhar determinados critérios, é possível levar a cabo uma ação coordenada ou, ao menos, podem ser estabelecidos espaços e processos de reflexão de como realizá-la. Os educadores necessitam participar conjuntamente de processos de inovação e formação ligados a projetos globais da instituição educacional, para assumir um maior protagonismo em seu trabalho. Protagonismo que deve surgir a partir do debate e da construção de bases reais coletivas, para dirigir-se em direção a uma maior cultura colaborativa.

Nesse sentido, as instituições educacionais necessitam gerar uma grande mudança, uma verdadeira reconversão profissional e um "rearmamento" moral, que as conduza à superação do espírito celular e individual (para não dizer também corporativista), o qual ainda possuem pela cultura profissional herdada e assumida de modo acrítico. Se, ao seguirem essa tradição profissional, os professores de uma escola se moverem por interesses pessoais e assumirem atitudes de confronto com os colegas de trabalho, não apenas o trabalho educativo individual será prejudicado, mas também o processo educativo da instituição.

> Os educadores necessitam participar conjuntamente de processos de inovação e formação ligados a projetos globais da instituição educacional, para assumir um maior protagonismo em seu trabalho.

No entanto, não devemos nos confundir: a formação colaborativa é um processo de desenvolvimento que leva tempo e requer um considerável esforço, e o ensino obrigatório implica uma estrutura cada vez mais complexa, que necessita de uma organização coletiva e democrática, compartilhando o conhecimento com outras instâncias de socialização. Mas isso não quer dizer que seja uma empresa, como alguns quiseram acreditar, senão um território flutuante, no qual se desenvolve um confronto entre diferentes formas de entender a educação e a sociedade. É na tolerância e na compreensão dessas diferenças que se encontra o desafio do trabalho em grupo dos professores.

E aqui está a importância daqueles que trabalham com educação, do saber se respeitar e se confrontar para construir alternativas em conjunto. Os professores, como todo grupo integrado por seres humanos, constituem um grupo definido, sujeito a múltiplas influências. É um coletivo que trabalha com pessoas e que, portanto, pode criar e potencializar transformações sociais por intermédio da educação de seus alunos. Não obstante, para criar neles esse espírito transformador, é preciso gerá-lo no seio do grupo de trabalho, na instituição escolar.

As equipes de professores devem romper com a cultura profissional tradicional, que foi sendo transmitida ao longo do exercício da profissão docente e que comentávamos anteriormente. Uma cultura profissional viciada por muitos elementos, que gerou algumas barreiras de comunicação entre um coletivo formado por indivíduos que trabalham lado a lado, mas que ainda estão separados por paredes estruturais e mentais. Uma cultura profissional que outorgou um valor excessivo à categoria profissional, ao conteúdo acadêmico, à improvisação pessoal e ao empirismo elementar – o que ocasiona, em certos âmbitos, um fracasso profissional que repercute no aspecto relacional. Assim, será necessário estabelecer um "rearma-

> Os indivíduos que trabalham com educação devem saber se respeitar e se confrontar, para construírem alternativas em conjunto. Constituem um coletivo que trabalha com pessoas e, para criarem nos alunos um espírito transformador, devem buscar gerá-lo no seio da instituição educacional.

mento" moral e profissional contra aqueles que, normalmente a partir de fora, provocam um "curto-circuito" no processo de inovação e formação, nos processos de reflexão coletiva e contra aqueles que se opõem aos avanços oriundos de compromissos coletivos institucionais, defendendo um trabalho inclinado para o mérito individual, para a promoção ou para a competição.

Se os professores não impulsionam nas instituições educacionais uma nova cultura colaborativa e tampouco a demandam e reivindicam-na na formação, será impossível desenvolver processos de formação continuada colaborativos e uma inovação institucional.

RESUMO

Quando falamos de desenvolver uma cultura colaborativa na formação como princípio e como metodologia, referimo-nos às seguintes ideias:

- Romper com o individualismo da formação.
- Considerar a colaboração como colegialidade e também mais como ideologia do que como estratégia de gestão.
- Não entender colaboração como uma tecnologia que se ensina, mas, sim, como um processo de participação, implicação, apropriação e pertencimento.
- Na colaboração partir do respeito e do reconhecimento do poder e da capacidade de todos os professores.
- Redefinir e ampliar a liderança escolar, o que representa uma necessidade.
- Poderão ajudar na formação colaborativa: a pesquisa-ação, a elaboração de projetos de mudança e a narração.

E será necessário superar três barreiras:

- A carência de um clima de comunicação entre os professores nos claustros* e, poderíamos acrescentar, a falta de processos de tomada de decisão, de negociação ou de consenso. É o aspecto "humano" da profissão que frequentemente ficou afastado dos processos de formação e de desenvolvimento profissional.
- O isolamento e a condição secundária dos projetos no apoio institucional, o que acarreta uma desmotivação ou uma exi-

---

*N. de T. No Brasil e na Espanha, a palavra refere-se à reunião de professores universitários.

gência de "especialistas infalíveis" na formação, sem se dar um salto à indagação colaborativa.
- A falta de união da formação com um projeto global escolar e não somente com um projeto isolado, do qual se participa mais pelo interesse de analisar questões concretas do que de solucionar situações problemáticas.

Se as instituições escolares, como espaços de troca entre grupos de profissionais, de alunos, de pais e mães, não são capazes de trabalharem em comum e de gerar novas atividades, momentos de obscurantismo, de rotina, de dependência e de alienação profissional ou de assunção de uma maior proletarização profissional serão perpetuados. Assim, é de grande importância o desenvolvimento do aspecto humano e grupal dos professores, no sentido de se desenvolverem processos atitudinais colaborativos e relacionais como parte do processo profissional.

NOTAS

1. Utilizamos o termo "colaboração", incorporando o conceito de "cooperação" e "colegialidade", embora sejamos conscientes dos matizes diversos dos termos.
2. Existe na ciência política e social toda uma tradição de debate sobre o individualismo, não existindo unanimidade em relação a um significado, mas sim a diversos conceitos. Neste capítulo, analisamos e criticamos o individualismo como um conceito moral ancorado na teoria liberal, na qual o indivíduo é a medida de todas as coisas, e não como um conflito entre o individual e o coletivo.
3. Gostaria que neste capítulo não se confundisse "formação personalista" com o movimento do personalismo ou com sua derivação em uma pedagogia personalista, em que se reivindica o indivíduo como um ser concreto, relacional e comunicativo.

O QUE FAZER NA PRÁTICA DA FORMAÇÃO?

Procedimentos de formação mediante a indagação coletiva e a pesquisa-ação, para os docentes refletirem com seus colegas sobre as situações problemáticas que os afetam

A pesquisa-ação é um forte procedimento para a formação dos professores, devido à ação cooperativa implicada e ao trabalho em equipe, pelo qual os professores orientam, corrigem, avaliam seus problemas e tomam decisões para melhorar, analisar ou questionar a prática social e educativa. Os professores se formam e se desenvolvem, quando adquirem um maior conhecimento da complexa situação em que sua atividade de ensino se insere. Tanto para seu desenvolvimento pessoal quanto profissional, devem unir teoria e prática, experiência e reflexão, ação e pensamento. Tudo isso implica que a pesquisa-ação na formação dos docentes seja assumida como um compromisso político e não técnico ou apenas de melhoria profissional.

Um possível processo poderia ser:

1. Em grupo, os professores identificam uma situação problemática ou um tema que seja de seu interesse, a partir de uma observação ou de uma reunião reflexiva.
2. Propõem formas diferentes de coleta da informação sobre a situação problemática inicial, o que pode implicar um estudo bibliográfico a partir dos dados obtidos na sala de aula ou na escola.
3. Esses dados são analisados em grupo.
4. São realizadas as mudanças pertinentes.
5. Volta-se a obter novos dados e ideias, para analisar os efeitos da intervenção que se realizou e continuar com o processo de formação por meio da prática.

A pesquisa-ação pode comprometer o conhecimento dos professores e transformá-los em pesquisadores sobre si mesmos, incitando-os diretamente a reconstruir e a transformar sua prática diária e, além disso, a teorizar e revisar continuamente seus processos educacionais.

Trata-se de uma forma democrática de pesquisa desenvolvida pelos "práticos" a partir da prática. Todos os atores participam por igual e comprometem-se em cada uma das fases da pesquisa, já que se comunicam mediante uma relação simétrica e aceitam a diversidade de pontos de vista e as diferentes decisões. A pesquisa-ação possibilita, dentro de um marco de política de colaboração, o desenvolvimento pessoal e profissional e a formação em novas habilidades, métodos e potencialidades analíticas, além da motivação da consciência profissional e de um aprofundamento dela – o que traz alternativas adicionais de inovação e comunicação.

No entanto, existem muitos obstáculos para serem considerados, como tempo, recursos, atitude, conhecimentos, etc., a fim de que não se impeça a aplicação da pesquisa-ação à formação, já que seu processo:

- Ajuda a definir, analisar, interpretar, orientar, corrigir, mudar e avaliar os próprios problemas profissionais, para um autodesenvolvimento crítico e uma autonomia profissional. Isso comporta o desenvolvimento de instrumentos intelectuais que facilitem as capacidades reflexivas sobre a prática docente.
- Desenvolve a necessidade de um conhecimento mais profundo da própria prática, para se construírem e formularem alternativas de ação.
- É um compromisso ético de serviço e de relação com a comunidade, possibilitando analisar as condições sociais da escolarização.
- Diagnostica, por meio da reflexão e da ação, as situações problemáticas que surgem na prática profissional e desenvolve um novo conceito de profissionalização docente.
- Consegue a ação cooperadora dos professores, que decidem atuar e aprender de forma inovadora, e propõe vias de solução, como a escolha de planos de ação e de avaliação de seus resultados.
- Tenta provocar uma transformação no ensino e não somente uma mudança de metodologia ou de recursos, evitando voltar a práticas rotineiras e familiares (pautas preestabelecidas, sem que se saiba por que são tratadas), que são mais seguras e não possuem risco profissional, mas que derivam em direção à desprofissionalização.
- Possibilita a consciência de que o conhecimento que possuímos sobre os processos de formação são imperfeitos e inacabados, mas sempre deverá partir da prática para voltar à prática.
- Tenta construir uma estrutura coletiva ou um "espírito" de indagação constante, que reúne e organiza conforme as possibilidades e necessidades, promovendo uma dinâmica de cooperação interna e de abertura ao exterior.
- Introduz uma metodologia de comunicação e de participação.

Durante este processo, pode-se necessitar de ajuda externa, a qual se concretiza em uma formação específica sobre o tema ou sobre a situação problemática, a metodologia de pesquisa ou sobre qualquer outro processo que ajude os professores a darem sentido a suas próprias experiências. Tal processo de formação pode contribuir para mudar o conhecimento dos professores, as suas formas de pensar, melhorando a sua comunicação e as suas decisões tomadas em grupo.

Os professores tomam decisões sobre quando e como aplicar a proposta de mudança. Sua experiência serve-lhes de apoio para uma maior colaboração mútua. Aprendem a ver ou compreender a perspectiva do outro, a ser capazes de observar mais além do imediato, do individual e do concreto.

Utilizar a narração como meio de formação colaborativa

Narrar é compartilhar com outros o ensino, é viver a história a partir de dentro. Alguém conta à outra pessoa sua experiência e assim compartilha fragmentos da vida cotidiana.

A experiência relatada pelas vozes que viveram as diversas situações narradas acaba impregnando as ideias e as condutas de outras pessoas que participam de uma mesma atividade ou profissão. A narração é uma técnica que pode permitir conhecer os segredos do que acontece por meio da interação com os símbolos compartilhados, com a experiência dos outros – e aqui a sociabilidade é demonstrada com a capacidade de escutar os outros. Nesse sentido, os relatos dos professores podem ajudar muito a sua própria formação. Significa dar voz própria às práticas dos professores, às suas narrações e histórias de vida profissionais, favorecendo a escuta e o compartilhamento de vivências pessoais que ajudam um indivíduo a avançar e que podem ajudar a outros.

Professores sujeitos de sua formação e com identidade docente[1]

A formação continuada do professor passa pela condição de que este vá assumindo uma identidade docente, o que supõe ser sujeito da formação e não objeto dela, mero instrumento maleável e manipulável nas mãos de outros.

A educação necessita tanto de formação técnica, científica e profissional quanto de sonhos e utopia.

(Freire, 1997)

Pois quantos são os modos em que se diz, tantos são os significados do ser.

(Aristóteles)

PROFESSORES: DE OBJETOS A SUJEITOS DE FORMAÇÃO

A história dos professores e de sua formação é uma história de dependência e subsídio, que é objeto de tudo (ou de uma subjetividade racional) e, predominantemente, da formação. Isso pode ser comprovado observando-se seu currículo fechado, sua pouca autonomia, sua dependência orgânica, sua desconfiança endêmica, predomínio de cursos, necessidade de apoio para seu desenvolvimento, sua submissão a uma hierarquia, o conceito de semiprofissional, os especialistas que ditam normas, os saberes ou conhecimentos profissionais dados, a profissão sem um reconhecimento de "identidade", etc. Durante as últimas décadas foram abertas importantes brechas nessa pedagogia do "subsídio e da dependência", dando-se importância à subjetividade[2] dos docentes. Quer dizer que a compreensão de que a experiência não é neutra, mas eminentemente subjetiva, comprometida com valores éticos e morais, e a crença na capacidade dos professores, por outro lado normal, de serem sujeitos de conhecimento, de dar valor e identidade, de gerarem um conhecimento pedagógico que estrutura e orienta sua teoria e prática. E tudo isso ocorreu apesar da tendência normativa das administrações educacionais – e acadêmica, em sua histórica relação entre teoria e prática. Tendência que se acentua mais pela desconfiança e pelo controle diante do que se faz na educação do que por querer assegurar uma qualidade educacional.

A formação pode ajudar o desenvolvimento da identidade

Na formação continuada, esse tipo de atuação fez com que os professores fossem condenados a serem objetos de formação, muitas vezes de uma formação que dificilmente poderia ser aplicada com outros grupos profissionais (por não serem também educativos). Em outras palavras, uma formação que se dirige aos professores sem identidade profissional, embora essa identidade sempre exista, apesar de não ser reconhecida,[3] com características, valores e peculiaridades práticas, sociais e educacionais determinadas. Cria-se um *habitus* (Bourdieu, 1991) externo, ou seja, uma certa forma de ver a teoria e a prática educacional. Assim, é normal que uma pessoa, que se supunha ter mais conhecimento e saber (às vezes maior experiência ou hierarquia) doutrinasse professores sobre a base de sua ignorância e submissão. No entanto, tal situação não deve predominar no futuro da formação continuada, mas, sim, os professores devem assumir a condição de serem sujeitos da formação, compartilhando seus significados, com a consciência de que todos somos sujeitos quando nos diferenciamos trabalhando juntos, e desenvolvendo uma identidade profissional (o eu pessoal e coletivo que nos permite ser, agir e analisar o que fazemos), sem ser um mero instrumento nas mãos de outros. Como diz Melucci (1996, p.36):

> A identidade pode ser negociada, porque existem sujeitos de ação que já não se definem objetiva ou externamente, mas que são eles mesmos os que possuem a capacidade de produzir e definir o significado daquilo que fazem.

A formação pode ajudar a definir esse significado daquilo que se faz na prática em situações concretas e, para se alcançar novos saberes, também permite mudar a identidade e o eu de forma individual e coletiva.

Conforme bem diz Day (2006, p.68):

> [...] na bibliografia sobre a formação dos professores, os conceitos de eu e de identidade são frequentemente utilizados de forma intercambiável. Como conceito, a identidade está intimamente relacionada com o conceito de eu. Ambos são construtos complexos e isso se deve em grande parte ao fato de estarem baseados em importantes áreas teóricas e de pesquisa da filosofia, da psicologia, da sociologia e da psicoterapia.

Formação para a identidade

É imprescindível uma alternativa de formação que aceite a reivindicação desse eu, da subjetividade dos professores, da **identidade docente** como um dinamismo da forma de ver e de transformar a realidade social e educacional, e seus valores, e da capacidade de produção de conhecimento educativo e de troca de experiências. Faz-se importante incorporar a narrativa dos professores à ética da formação continuada, com processos baseados em uma relação não tanto objetiva, que valoriza os fatos sociais como coisas, e nem tanto subjetiva e espontânea, que valoriza o indivíduo, senão intersubjetiva, de relação com os outros, de alteridade, de aumento de "uma bagagem rica de conhecimentos profissionais autogerados" (Elliott, 1984) entre os colegas, que permita complementar a identidade do sujeito docente com a identidade grupal (uma identidade colaborativa, não de processos competitivos). Enfim, é imprescindível uma formação que permita uma visão crítica do ensino, para se analisar a postura e os imaginários de cada um frente ao ensino e à aprendizagem, que estimule o confronto de preferências e valores e na qual prevaleça o encontro, a reflexão entre pares sobre o que se faz como elemento fundamental na relação educacional.

O (re)conhecimento da identidade permite melhor interpretar o trabalho docente e melhor interagir com os outros e com a situação que se vive diariamente nas instituições escolares. As experiências de vida dos professores relacionam-se às tarefas profissionais, já que o ensino requer uma implicação pessoal. A formação baseada na reflexão será um elemento importante para se analisar o que são ou acreditam ser os professores e o que fazem e como fazem. Cabe perguntar:

> O (re)conhecimento da identidade permite interpretar melhor o trabalho docente e interagir melhor com os outros e com a situação que se vive diariamente nas instituições escolares.

- Qual é a identidade profissional dos professores quando participam de um processo de formação?
- Existem concepções diferentes da identidade docente, individual ou coletiva?
- As diferentes concepções criarão tensões ou alianças?
- Como reconstruir as identidades docentes?
- Que processo utilizará a formação para debatê-las e colocá-las em comum?
- A formação ajudará as novas identidades docentes?

A resposta a essas e a outras perguntas ajudaria a reduzir a incerteza pessoal e coletiva, a reivindicar, a dizer o que se pensa sobre a formação, a ter um maior reconhecimento social, a realizar um projeto docente profissional e a aumentar a compreensão da realidade educacional social, já que a identidade profissional é dinâmica e não é uniforme para todos. Na profissão docente, tal identidade depende da relação entre o contexto em que se realiza o trabalho e o trabalho em si mesmo.

O conceito de *identidade docente* atual permite questionar muitas coisas, como, por exemplo, o fato de já não existir uma etapa determinada em que os professores se formem e outra em que eles estejam na prática educacional conforme a tradição das etapas de formação (embora se saiba que existam, sim, diferenças de identidade, pois esta é modificável, sendo a união de representações, sentimentos, experiências, biografias, influências, valores, etc., o que vai mudando). A consciência da subjetividade, que está ancorada na identidade coletiva, permitirá melhores necessidades educacionais e do contexto, e favorecerá que a situação da formação seja constante em toda a vida profissional, desde o início da carreira do professor. O domínio da formação passará a fazer parte da profissão, se os professores quiserem ser os protagonistas de sua formação e de seu desenvolvimento profissional.

Este protagonismo é necessário e, inclusive, imprescindível para se poder realizar inovações e mudanças na prática educativa e para os professores se desenvolverem pessoal e profissionalmente. Se os educadores forem capazes de narrar suas concepções sobre o ensino, a formação pode ajudá-los a legitimar, modificar ou destruir tal concepção.

Podemos relacionar a identidade docente com o que se vem chamando de "trajetória ou desenvolvimento profissional", já que se tem feito uma leitura de desenvolvimento profissional com conotações funcionalistas, quando o definem apenas como uma atividade ou um processo para a melhoria das habilidades, atitudes, significados ou do desenvolvimento de competências genéricas. Assim, utiliza-se a formação predominantemente como uma arma e considera-se o desenvolvimento profissional dos docentes como um aspecto restritivo, visto que a formação passa a ser tratada como a única via de desenvolvimento profissional dos professores.

O desenvolvimento profissional é um conjunto de fatores que possibilita ou impede que os professores avancem na questão da identidade. A melhoria da formação e a autonomia para decidir ajudarão esse desenvolvimento, mas a melhoria de outros fatores também o favorecerão de forma muito decisiva (salários, estruturas, níveis de decisão, níveis de participação, carreira, clima de trabalho, legislação laboral, etc.). Podemos realizar uma excelente formação e encontrar-nos com o paradoxo de um desenvolvimento próximo da proletarização dos professores, porque talvez outros fatores não estejam suficientemente garantidos nessa melhoria. E isso repercute, obviamente, não apenas no desenvolvimento profissional, mas também no desenvolvimento pessoal e identitário.

No entanto, devemos comentar que inter-relacionada com a identidade pessoal encontra-se a identidade coletiva ou o desenvolvimento profissional coletivo ou institucional, isto é, o desenvolvimento de todos os indivíduos que trabalham em uma instituição educacional, já que compartilham categorias sociais e educacionais e têm conhecimento da diferença entre todos. As instituições de ensino têm uma identidade educacional e cultural, pois o real e o simbólico entram na subjetividade de cada pessoa que nela trabalha, com uma vinculação entre elas e que vai variando segundo o contexto. O desenvolvimento de todos os educadores e colaboradores de uma instituição de ensino, as vivências coletivas, pode ser definido como aqueles processos que melhoram a situação laboral, o conhecimento profissional, as habilidades e as atitudes dos trabalhadores envolvidos com a educação. Portanto, nesse conceito estariam incluídos todos aqueles que trabalham nas escolas: equipes de gestão, profissionais docentes ou não, dando-se um sentido identitário ao que se faz a longo tempo. A formação coletiva tem aqui um importante papel. A formação deve passar da ideia de "outros" ou "eles" para "nós".

> O desenvolvimento de todos os educadores e colaboradores de uma instituição de ensino pode ser definido como aqueles processos que melhoram a situação laboral, o conhecimento profissional, as habilidades e atitudes dos trabalhadores envolvidos com a educação.

RESUMO

A história dos professores e de sua formação é uma história de dependência e subsídio. Devemos reivindicar uma identidade docente como aquilo em que me reconheço, em que me sinto aceito e reconhecido pelos outros.

Na formação continuada, a consequência desse tipo de atuação fez com que os professores fossem condenados a ser objetos da formação. A mudança, no futuro da formação continuada, passa pela atitude dos professores de assumirem a condição de serem sujeitos da formação, intersujeitos com seus colegas, em razão de aceitarem uma identidade pessoal e profissional e não serem um mero instrumento nas mãos de outros.

A formação deve levar em conta essa identidade individual e coletiva, para ajudar o desenvolvimento pessoal e profissional dos professores no âmbito laboral e de melhoria das aprendizagens profissionais e para ajudar a analisar os sentimentos e as representações pelos quais os sujeitos se singularizam.

Considerar o desenvolvimento profissional, pessoal e institucional mais além das práticas da formação e uni-lo a fatores não formadores, mas, sim, laborais, supõe uma reconceituação importante, já que não se analisa a formação apenas como o domínio das disciplinas e nem se centra nas características pessoais dos professores. Essa posição pressupõe também analisar a formação como elemento revitalizante, de recuperação ou de desenvolvimento da consciência ética e de luta por melhorias sociais e laborais, a fim de que sejam estabelecidos novos modelos relacionais na prática da formação e nas relações de trabalho. Os modelos relacionais, tanto laborais como formadores, estabelecem um determinado conceito de desenvolvimento profissional e pessoal e, portanto, de identidade docente.

NOTAS

1. Quando falamos de "identidade docente" não queremos apenas vê-la como traços ou informações que individualizam ou distinguem algo, mas como o resultado da capacidade reflexiva. É a capacidade do indivíduo (ou do grupo) de ser objeto de si mesmo que dá sentido à experiência, integra novas experiências e harmoniza os processos, às vezes contraditórios e conflituosos, que ocorrem na integração do que acreditamos que somos com o que queríamos ser; entre o que fomos no passado e o que hoje somos.
2. Conhecendo-se as diversas interpretações dadas à noção de "subjetividade", aqui a tratamos como a relação entre a experiência do sujeito e o compromisso com o mundo educativo e social.
3. Seguindo o pensamento de Ball (1992), podemos dizer que há uma identidade dentro das escolas: a identidade situada, que é maleável no contexto, e a identidade substantiva, que é mais estável e é a forma de pensar do indivíduo.

O QUE FAZER NA PRÁTICA DA FORMAÇÃO?

Elementos para a reflexão pessoal. Refletir sobre si mesmo.

Geert Kelchtermans (Day, 2006, p.38) oferece-nos cinco componentes para refletir:

1. *Autoimagem*
   - Quem sou como professor?
   - Que conexões existem com quem sou como pessoa?

2. *Autoestima*
   - Até que ponto estou agindo bem em meu trabalho?
   - Estou satisfeito comigo mesmo como professor?
   - Quais são as fontes de minha alegria e satisfação?
   - O que me faz duvidar de minhas qualidades pessoais e profissionais?

3. *Motivação para o trabalho*
   - O que me motivou para me tornar professor?
   - O que me motiva para continuar sendo?
   - O que poderia contribuir para aumentar (ou manter) minha motivação como professor?
   - Como outras pessoas podem me ajudar?

4. *Percepção da tarefa*
   - O que devo fazer para ser um bom professor? Como?
   - Sinto que os problemas emocionais ou relacionais de meus alunos me preocupam? Até que ponto?
   - É suficiente que todos os meus alunos consigam atingir os mínimos objetivos em minhas aulas?
   - Qual é meu programa de desenvolvimento profissional?
   - Daquilo que faço habitualmente, o que faz e o que não faz parte de meu trabalho como professor?
   - O que posso fazer para melhorar minha situação?

5. *Perspectivas futuras*
   - Quais são as minhas expectativas para o futuro e o que sinto em relação a elas?
   - Como vejo o resto de meus anos no ensino? Como posso melhorar meu futuro?

Diários de aprendizagem de professores

Os diários sobre o trabalho docente podem ser um bom elemento de desenvolvimento pessoal e profissional, conforme muito bem explica Zabalza (2004, p.19):

> [...] os diários permitem que os professores revisem elementos de seu mundo pessoal que frequentemente permanecem ocultos de sua percepção, enquanto estão envolvidos nas ações cotidianas do trabalho.

Seguindo as ideias do mesmo autor, podemos dizer que, embora um diário deva ter um estrutura narrativa flexível, pequenas orientações na forma de perguntas podem ser dadas:

- Que estilo queremos dar a ele?
- Que conteúdo terá?
- Que regularidade deve apresentar?
- Como representarei os fatos narrados?
- Que continuidade terá?
- Quanto deverei escrever cada dia?
- Qual será sua duração?
- Como vou analisá-lo?

Melhorar o ambiente de trabalho nas instituições de ensino

Um melhor ambiente de trabalho, como, por exemplo, com colaboração, apreço, participação, influi na melhoria da identidade docente.

Sachs (2003, p.131) oferece-nos pistas disso:

- Fluxo aberto de ideias, independente de popularidade, que permita que as pessoas estejam informadas o máximo possível.
- Confiança na capacidade individual e coletiva das pessoas para criar possibilidades de resolver problemas.
- Uso da reflexão e da análise crítica para avaliar ideias, problemas e normas.
- Preocupação pelo bem-estar de outros e pelo "bem comum".
- Preocupação com a dignidade e os direitos das pessoas e com as minorias.
- Compreensão de que a democracia não é tanto um "ideal", como um conjunto "idealizado" de valores, os quais devemos viver e os quais devem guiar nossa vida como pessoas.

A formação deve considerar a comunidade 7

É preciso superar a antinomia família-comunidade-professor. O que existe fora da instituição educacional deve ser um aliado, não um inimigo. A formação conjunta com a comunidade perfila-se, nos diversos contextos educativos e sociais, como uma das alternativas às difíceis situações problemáticas da educação atual e, principalmente, à exclusão social de uma parte da humanidade.

Diferentemente dos estreitos olhares da democracia escolar, que exigem os direitos de determinados grupos de elaborar a política escolar, deveríamos ter como objetivo a realização da escola como uma comunidade democrática, que reconheça os direitos legítimos de todas as partes de ter um acesso substancial na hora de tomar decisões sobre questões escolares importantes.

(Zeichner, 1999)

Um dos elementos importantes que foi surgindo no campo da educação, nos últimos anos do século XX e em certos contextos sociais, é a impossibilidade de partir do princípio de que o ensino pode ou deve fazer o esforço de tirar da condição de exclusão social a totalidade ou a maioria da população. Os atuais contextos sociais, familiares e econômicos mostram-nos claramente que, sem a ajuda da comunidade[1] que envolve a instituição educacional, é difícil ensinar as diversas cidadanias necessárias no futuro: democráticas, sociais, interculturais e ambientais, que permitem uma vida e um mundo melhor. É difícil que a educação atual seja capaz de oferecer essa velha ideia de "viver felizes". Por isso, o conceito de "comunidade" aparece de forma diferente.[2]

OS ATUAIS CONCEITOS DE *COMUNIDADE*

Na educação e na formação dos professores existem atualmente diversos entendimentos de comunidade[3]: como *de prática ou de conhecimento, de aprendizagem, formadora,* etc.

Comunidade de prática

As **comunidades de prática** são grupos constituídos com o fim de desenvolver um conhecimento especializado. Mas elas não são comunidades científicas, pois sua finalidade é informar e comunicar experiências, colocando em comum aprendizagens baseadas na reflexão compartilhada sobre experiências práticas. Atualmente, unem-se ao conceito de gestão do conhecimento ou de prática reflexiva como processo de prática compartilhada. O processo de aprendizagem se dá por meio da forte participação de um grupo de indivíduos que experimentam, de diversas maneiras e com o objeto de conhecimento em questão (embora as experiências educativas também incorporem outros agentes sociais). É o grupo mesmo que estabelece os objetivos de aprendizagem, os quais, por sua vez, são selecionados no contexto da pratica. Podem ser comunidades presenciais ou virtuais (cibercultura).

Segundo Wenger (2001), os requisitos de uma comunidade de prática são o compromisso mútuo, uma ação conjunta e uma bibliografia compartilhada (criação de recursos para compartilhar significados).

Na comunidade de prática existe um processo coletivo de negociação e a capacidade, definida pelos participantes, de explicar o que se faz e com que finalidade prática se estabelecem relações de responsabilidade mútua.

Dessa forma, a comunidade de prática seria um grupo de professores que estabelecem relações de participação e ajuda mútua, trocando, refletindo e aprendendo sobre sua prática. Não entrariam aqui as relações com a comunidade fora da escola, mesmo que existam experiências de agentes externos que colaborem. Uma comunidade de prática poderia ser um movimento de professores ou a formação que estes movimentos produzem com a intenção de uma aprendizagem entre docentes e de troca de informação.

Comunidade formadora

Uma **comunidade formadora**, às vezes de educação comunitária ou formadora de aprendizagem, diferencia-se muito pouco de uma **comunidade de aprendizagem**, exceto nos papéis dos diversos agentes. A comunidade formadora dá-se em contextos que permitem a elaboração, por parte dos professores, de uma cultura própria no seio do grupo e não somente a reprodução sistemática da cultura social ou acadêmica dominante. Trata-se de um contexto relevante em que os próprios membros da comunidade produzem suas concepções e criam suas práticas de ensino e aprendizagem a partir de tarefas realizadas, de experiências e interações vividas. Nesse sentido, a aprendizagem assume um papel de muita importância. Como contexto interativo, as instituições educacionais podem ser uma comunidade formadora, pois geram múltiplas situações de comunicação e de uso tanto da linguagem oral e escrita quanto dos diversos códigos de relação interpessoal, a partir dos níveis, registros e códigos dos próprios integrantes da comunidade.

Todas as pessoas da comunidade formadora desenvolvem papéis de agente ativo na construção de normas, na reelaboração dos valores e das normas sociais e educacionais e na construção de regras de relacionamento social e educativo. O respeito é estimulado de várias formas. Nestes contextos formadores, ocorrem processos extraordinariamente relevantes na elaboração prática e na interiorização de conceitos fundamentais para a organização da aprendizagem: o valor de uso do tempo e sua organização, o uso dos espaços ou das noções de trabalho ou de trabalhar, daquilo que significa ensinar e aprender (Torres, 2006, p.142).

Uma finalidade importante da comunidade formadora seria construir um projeto educativo comunitário, primando-se pela cooperação e solidariedade e partindo-se das bases da escola e de uma valorização e articulação de seus recursos. Assim, seria possível criar um projeto educativo comunitário que ultrapassasse as necessidades e possibilidades específicas do coletivo. Podemos interpretar, portanto, que, em uma comunidade formadora de professores, o protagonismo é assumido por eles, mesmo que a comunidade que envolve a instituição de ensino participe dela.

Quanto à comunidade formadora em associações, redes ou espaços emocionais relacionados mediante processos comunicativos, devemos analisar, em primeiro lugar, a importância das associações de professores e dos movimentos docentes para a formação continuada. Em segundo lugar, é preciso considerar a possibilidade de cibercomunidades ou comunidades virtuais, nas quais as relações comunicativas (comunicação global) de compartilhar informação e formação entre os professores podem ser mais fluidas e também mais temporais.

Comunidade de aprendizagem

A experiência de transformar as escolas em comunidades de aprendizagem há algum tempo vem sendo introduzida na educação. Todas as tentativas têm em comum a vontade de converter a escola em um verdadeiro agente de transformação social (a escola é uma das prin-

> As comunidades de aprendizagem têm em comum o desejo de converter a escola em um verdadeiro agente de transformação social, de conseguir uma maior aprendizagem dos alunos, potencializando sua autoestima, e de poder adquirir os conhecimentos e as habilidades, durante a escolarização, que ofereçam igualdade de oportunidades.

cipais instituições culturais de um país), de conseguir uma maior aprendizagem dos alunos, potencializando sua autoestima, além, é claro, da dos professores, e a vontade de alcançar conhecimentos e habilidades, durante a escolarização, que ofereçam aos alunos as mesmas oportunidades que as dos alunos em condições mais favoráveis. A partir daqui, propõe-se uma escola em que se interage com o contexto, em que se prima pelo diálogo, pela participação, pela cooperação e pela solidariedade entre todos os que formam a comunidade de aprendizagem, com o objetivo de melhorar a educação das crianças.

Todas estas experiências compartilham alguns princípios pedagógicos:

- *Todos os membros compartilham metas*: A aprendizagem escolar não recai exclusivamente nas mãos dos professores, senão que, para conseguir uma educação de qualidade, participam conjuntamente as famílias, as associações de bairro, os voluntários, as instituições sociais, etc. Todos trabalham juntos para conseguir um mesmo objetivo, realizando uma história de aprendizagem compartilhada.
- *Uma organização e um ambiente de aprendizagem são criados*: Buscam-se fórmulas alternativas para a organização escolar tradicional. Isso significa, por exemplo, quebrar com a estrutura de salas de aulas fechadas, onde cada professor tem seus alunos. É importante que os alunos estejam em atividade o máximo de tempo possível. Por isso, e para evitar que exista a possibilidade de que alguns não acompanhem o ritmo da aula, é necessário viabilizar a possibilidade de que nas salas possa haver mais de uma pessoa adulta. Nesse sentido, é preciso que os professores trabalhem muito bem coordenados com outros profissionais e voluntários.
- *Os processos de ensino-aprendizagem são o centro da instituição escolar*: É fundamental que os alunos desenvolvam ao máximo suas capacidades. A instituição de ensino converte-se no centro de aprendizagem de toda a comunidade, estando mais além das tarefas escolares.
- *Os ensinos têm propósitos*: O ensino é planejado pelo coletivo, estabelecem-se finalidades claras, que são expressas e compartilhadas pela comunidade.
- *Criam-se grandes expectativas (professores-alunos-famílias-comunidade)*: Todo mundo é capaz de desenvolver mais possibilidades e, portanto, cria-se um clima de grandes expectativas. Os professores, os pais e as mães têm muitas habilidades, ta-

lentos, que eles precisam descobrir para reverter à comunidade. Objetivos máximos são estabelecidos em vez de objetivos mínimos, e todos os meios são usados para alcançá-los.
- *Desenvolve-se a autoestima*: Todos os alunos têm maior capacidade da que normalmente aplicam. É importante ressaltar as expectativas de sucesso, a relação e o controle individual do próprio processo e o controle social em relação ao desenvolvimento da cooperação. São necessárias atividades em grupo.
- *Avalia-se contínua e sistematicamente*: O processo é constantemente revisado por toda comunidade. São estabelecidos momentos de contraste e de triangulação entre todos.
- *A participação dos alunos, das famílias e da comunidade é alta*: A instituição escolar passa a ser uma instituição da qual participam por igual todos os estratos que intervêm no processo educacional. Existe um grau de compromisso e negociação. Nas salas de aulas, os professores são tutores. O voluntariado ajuda a realizar as atividades previamente combinadas.
- *A liderança escolar é compartilhada*: Comissões de trabalho são criadas para coordenarem todo o processo, sendo bastante delegadas as responsabilidades. Estas comissões são mistas: professores, mães, pais, alunos, administração, voluntariado, etc.
- *Um diálogo reflexivo e um ensino entre iguais são gerados*: Potencializa-se a relação de ensino recíproco e cooperativo entre os alunos, que estabelecem uma tutoria entre iguais. Ou seja, as crianças aprendem umas com as outras, desde grupos da mesma idade até grupos de idades diferentes. Os agrupamentos flexíveis favorecem estes processos. Para ampliar esta exposição, visite o *site* <www.comunidadesdeaprendizaje.net>, conteúdo em espanhol.

Comunidade e formação

Poderíamos entrar nos diferentes conceitos de comunidade, desde posturas filosóficas, pedagógicas, psicológicas e sociológicas até as noções de comunidades de pesquisa, de discurso, de interpretação, profissionais, sociais ou democráticas desenvolvidas por diversos autores (Garza, 1995; Wenger, 2001).

No entanto, a meu ver, isso é desnecessário para a temática abordada neste livro, embora tal diversidade de enfoques indique a importância que o termo e o conceito de comunidade estejam assumindo.

> As comunidades de aprendizagem estão organizadas sobre a base de um interesse comum de criar e recriar o conhecimento, e, ao compartilhá-lo, possibilita se sua diversificação e enriquecimento, obtendo-se um novo conhecimento.

Para a formação, talvez seja interessante explorar a comunidade como compromisso mútuo da prática, isto é, comunidades formadoras para desenvolver um projeto educacional comunitário e comunidades de aprendizagem enquanto aprendizagem coletiva entre todos os agentes que intervêm na educação ou em um projeto educativo comunitário, compartilhado de forma coletiva.

Trata-se de comunidades que estejam organizadas sobre a base de um interesse comum de criar e recriar o conhecimento, e ao compartilhá-lo, possibilita-se sua diversificação e enriquecimento, obtendo-se um novo conhecimento, embora isso não implique necessariamente uma grande harmonia entre todos os sujeitos.

Na formação dos professores, podemos dizer que uma formação que considera a comunidade parte de certos pressupostos:

- Todos os agentes da comunidade que se relacionam com a escola possuem conhecimento, ninguém o tem na sua totalidade.
- É necessário compartilhar o conhecimento de cada um.
- Essa troca de conhecimento entre os agentes da comunidade traz um enriquecimento profissional.
- A formação com a comunidade permite uma forma melhor de organização, o que repercute na melhoria da escola.

Em relação ao trabalho interativo com a comunidade da instituição escolar como esfera pública, ampliam-se as noções de escola e de sala de aula, assim como as possibilidades e funções educativas desses espaços. A comunidade não é tanto uma estrutura, senão um conjunto de práticas (Bourdieu, 1991b). Já não são apenas lugares entre muros, mas, sim, qualquer âmbito em que se estabeleça uma relação educativa e, portanto, comunicativa entre alunos e entre professores e alunos. A comunidade nutre-se da comunicação e do diálogo. Habermas (1987) fala da comunidade comunicativa que se organiza pela comunicação e não pela autoridade, pelo *status* ou pelo rito. Tal reconceituação amplia o grau de responsabilidade e de autonomia dos profissionais em sua gestão e destaca o papel ativo dos próprios alunos na regulação das trocas, bem como dos parâmetros de referência sob os quais se atua: o tempo, os espaços, as normas, seus referentes e os estilos comunicativos. Tudo isso possui um enorme potencial explicativo e possibilidades formadoras e autoformadoras para os professores.

Sob o ponto de vista formador, trabalhar em conjunto com a comunidade consiste em uma proposta orientada para a construção de cenários educativos mais inovadores dentro da instituição escolar, mediante a participação de vários agentes sociais que integram a comunidade: alunos, escola, equipes de docentes, famílias, comunidade local. Cada um desses agentes acrescenta elementos valiosos para a educação, contribuindo para a melhoria de todos.

A partir de uma perspectiva acadêmica, trabalhar em conjunto com a comunidade significa, principalmente, buscar desenvolver habilidades sociais, efetivas, cognitivas e psicolinguísticas nos alunos, por meio de sua participação ativa em comunidades educativas, cujos membros realizam atividades caracterizadas por um ambiente de aprendizagem. Existe um maior número de oportunidades cotidianas para a inserção social, a comunicação oral e escrita e a prática na solução de problemas diversos.

> A comunidade não é tanto uma estrutura, senão um conjunto de práticas; qualquer âmbito em que se estabeleça uma relação educativa e comunicativa entre alunos e entre professores e alunos.

RESUMO

Neste capítulo, que teve a intenção de unir a formação à comunidade, quis me referir a dois elementos:

1. Associações, redes ou espaços emocionais de professores, relacionados por processos comunicativos e mais próximos da comunidade prática e formadora.
2. O trabalho interativo com a comunidade que envolve a instituição de ensino, mais próximo da comunidade de aprendizagem.

Os professores devem assumir seu papel na estrutura organizativa e educacional, mas a comunidade e seus diversos componentes também terão que assumir o seu. Os professores recebem uma influência da comunidade que rodeia a escola. Será necessário estabelecer um novo modo de relação e compartilhar processos educativos e de formação; realizar uma reflexão em conjunto sobre o que é necessário mudar nas instituições e o que fazer para diminuir e acabar com a exclusão social. A formação conjunta com a comunidade apresenta-se, nos diversos contextos educacionais e sociais, como uma das alternativas à difícil problemática da exclusão social de uma parte da humanidade.

Um formação comunitária dos professores deveria:

- Aceitar a participação igualitária dos agentes comunitários.
- Adotar posturas de abertura e flexibilidade diante de modificações e inovações.
- Considerar os espaços mais além da utilização puramente escolar.
- Desenvolver um projeto educativo comunitário que envolva a maioria dos professores e a comunidade.
- Estabelecer tempos e espaços de formação para os diferentes agentes da comunidade.

NOTAS

1. Entende-se aqui por comunidade uma rede dinâmica, na qual coexistem todos os agentes sociais que intervêm ou podem intervir na educação da infância no contexto em que se encontram. Esses agentes se ajudam mutuamente, para concretizarem a ação educativa a partir de uma perspectiva político-educacional conjunta. Embora reconheço que, hoje em dia, estejam utilizando de forma confusa e polissêmica o conceito de "comunidade".
2. Isso implica uma aproximação sociocultural, em que as pessoas e os ambientes socioculturais não têm uma existência independente. Assim, não se pode existir abstratamente, mas, sim, dentro de um tipo de configuração social para a solução de problemas práticos.
3. O termo foi difundido, possibilitando o surgimento de diversas experiências com políticas e desenvolvimentos diferentes. (Para ampliar seu conhecimento, ver Torres, 2004, ou Kellog, 1999.)

O QUE FAZER NA PRÁTICA DA FORMAÇÃO?

- Criar comunidades de prática e redes presenciais e virtuais ou associações de aprendizagem que potencializem a colaboração e a cooperação entre os professores, a fim de se assumir uma maior autonomia, analisar a diversidade dos contextos educativos e estabelecer um intercâmbio de conhecimento prático profissional.
- Criar seminários de troca e reflexão sobre temáticas que ajudem a desaprender conhecimentos, colocar o que se sabe em quarentena e aprender novos conhecimentos, que permitam sensibilizar e reconceituar uma nova forma de ver a educação no século XXI.
- Desenvolver uma formação junto à comunidade, para analisar problemáticas educativas, elaborar compromissos e sensibilizar para a participação.
- Abrir a instituição escolar para atividades de formação da comunidade.
- Elaborar novas estruturas organizativas e didáticas, assim como realizar projetos de mudança.
- Elaborar junto à comunidade um projeto educativo comunitário.
- Criar comissões mistas, professores-comunidade, para analisar situações problemáticas da instituição de ensino e buscar possíveis soluções.
- Narrar a história do passado e analisar o que se sabe e como a prática vem sendo construída.

8 Será preciso passar da atualização à criação de espaços de formação

A tradição de formação dos formadores ou dos planos de formação consiste em atualizar e culturalizar os docentes em conhecimentos de qualquer denominação ou tipologia. A formação continuada de professores, mais do que atualizar os assistentes, deve ser capaz de criar espaços de formação, de pesquisa, de inovação, de imaginação, etc., e os formadores de professores devem saber criar tais espaços, a fim de passarem do ensinar ao aprender.

O verdadeiro sábio apenas é rigoroso consigo mesmo; com os demais é amável.

(Plutarco)

A estrutura organizativa da formação e o papel dos formadores, ou assessores, também deveriam mudar na formação continuada de professores. Os formadores teriam que se converter, por um lado, em dinamizadores diferentes e, por outro, em ajudantes e potenciadores da criação de uma estrutura flexível da formação.

O PAPEL DOS FORMADORES

Durante décadas criticou-se muito o papel assumido pelos formadores, ou assessores, considerados especialistas infalíveis ou acadêmicos que desenvolviam um modelo histórico reprodutor de ideias dos outros. Seu papel preponderante consistia na "atualização" dos professores, em colocá-los em dia, como se diz informalmente. Isso se fazia, e ainda se faz, explicando e aplicando soluções de outros às práticas educacionais. Este tipo de formação destruidora gerou mais prejuízo que benefício. O conceito de "professor bom, eficaz e eficiente" que existe por detrás desses discursos produz muitas frustrações, abandonos e falta de comunicação, entre outros.

Condições para a mudança

A prática educacional muda apenas quando os professores querem modificá-la, e não quando o formador diz ou anuncia. Por sorte, toda a experiência acumulada na formação continuada de professores, como fomos vendo neste livro, mostra-nos que a crise do formador-solucionador, que demanda uma aplicação daquilo que ele diz na formação, já está aberta, apesar da longa tradição dessa prática formadora.

Pouco a pouco, foi surgindo a consciência de que o formador deve assumir cada vez mais um papel de colaborador prático em um modelo mais reflexivo, no qual será fundamental criar espaços de formação, inovação e pesquisa, a fim de ajudar a analisar os obstáculos, individuais e coletivos, que os professores encontram para realizar um projeto de formação que os ajude a melhorar. O formador, nas práticas de formação continuada, deve auxiliar a resolver esses obstáculos, para que os professores encontrem a solução de sua situação problemática. Somente quando o professor consegue resolver sua situação problemática, produz-se uma mudança na prática educacional. No futuro, será mais necessário dispor de formadores em formação continuada que colaborem nos diagnósticos em conjunto, do que ter solucionadores de problemas alheios.

Essa mudança será profunda quando a formação deixar de ser um espaço de "atualização" para ser um espaço de reflexão, formação e inovação, com o objetivo de os professores aprenderem. Assim, enfatiza-se mais a aprendizagem dos professores do que o ensino dos mesmos. Isso implica, por parte dos formadores e das políticas de formação, uma visão diferente do que seja a formação, do papel dos professores nesta, e, portanto, uma nova metodologia de trabalho com os docentes. Compartilhar não é o mesmo que transmitir-ensinar-normatizar nem atualizar o mesmo que ajudar-analisar, nem aceitar o mesmo que refletir. Não é o mesmo explicar minha teoria e minha prática como formador que ajudar a descobrir a teoria implícita nas práticas docentes. A formação move-se sempre entre a dialética de aprender e desaprender.

O formador pode ajudar a transformar essa necessária reflexão docente acadêmica (refletir sobre as matérias), a conseguir um ensino melhor mediante a aplicação de técnicas didáticas, deduzidas de princípios gerais alcançados na pesquisa pedagógica, a refletir sobre o desenvolvimento dos alunos, dos professores enquanto profissionais e indivíduos, assim como fomentar relações verdadeiramente democráticas nas salas de aula, igualitárias e socialmente justas.

Isso significa abandonar o conceito obsoleto de que a formação é a atualização científica, didática e psicopedagógica dos professores e substituí-lo pela crença de que a formação deve ajudar a descobrir a teoria, organizá-la, fundamentá-la, revisá-la e construí-la. Se necessário, deve-se ajudar a alterar o sentido pedagógico comum e a recompor o equilíbrio entre os esquemas práticos predominantes e os esquemas teóricos. O formador auxilia a refletir sobre situações práticas e a pensar sobre o que se faz durante tais situações, incluindo-se, nesse processo, a deliberação sobre o valor ético das atuações, sobre seu sentido e sobre a construção deste, analisando-se, para isso, o sentido da educação e submetendo-o à revisão crítica.

> A formação move-se sempre entre a dialética de aprender e desaprender.

Além disso, as políticas educacionais da formação deveriam propiciar uma nova estrutura organizativa. Se, no final do século passado, as organizações de referência foram os cursos de formação de professores ou as instituições de apoio à formação, o que os professores necessitarão no futuro serão estruturas mais flexíveis e descentralizadas, ainda mais próximas das instituições de ensino, e redes estabelecidas entre tais instituições, para favorecer as trocas de experiências nas escolas.

> O formador pode ajudar a transformar a necessária reflexão docente acadêmica em uma reflexão social e sobre o desenvolvimento dos alunos e, assim, fomentar relações verdadeiramente democráticas em sala de aula.

O modelo de "treinamento" deverá mudar mediante planos institucionais, para dar espaço de forma mais intensiva a um modelo questionador e de desenvolvimento de projetos, no qual os professores de um contexto determinado assumam o protagonismo merecido e sejam aqueles que planejem, executem e avaliem sua própria formação.

Isso implica uma mudança nas modalidades e estratégias formadoras, que significa mais além dos cursos e seminários de especialistas acadêmicos: trocas entre indivíduos tratados iguais, atenção e escuta às boas práticas dos outros, elaboração de projetos, aproveitamento das tecnologias da informação e comunicação, processos de pesquisa-ação, elaboração de diários, portfólios de aprendizagem, etc. Em suma, a mudança comporta uma nova maneira de organizar a formação.

> O modelo de "treinamento" deverá mudar mediante planos institucionais, para dar espaço a um modelo questionador e de desenvolvimento de projetos, no qual os professores de um contexto determinado assumam o protagonismo merecido e sejam aqueles que planejem, executem e avaliem sua própria formação.

RESUMO

Tradicionalmente, a formação continuada constituía um momento de culturalização dos professores. Supunha-se que, atualizando seus conhecimentos científicos e didáticos, o professor transformaria sua prática e, como por milagre, passaria a ser um inovador, promotor de novos projetos educacionais. A padronização, o predomínio da teoria, a descontextualização, a realidade social atual e outros fatores que poderíamos acrescentar impediam e impedem esse processo. Agora começamos a vislumbrar que a formação continuada aumenta seu impacto inovador, se a relação se efetiva ao contrário, ou seja, não formando para depois desenvolver um projeto de mudança, mas, sim, elaborando um projeto inovador e recebendo ou compartilhando a formação necessária para realizá-lo. Esta simples inversão tem consequências importantes no modelo de formação e em seu processo de execução nas instituições de ensino. Parte-se da premissa de que, para mudar a educação, é necessário mudar os professores e de que a formação é uma boa ferramenta, mas não a única, ela deve estar acompanhada da mudança do contexto. As consequências de tudo isso são: a descentralização, as mudanças organizativas nas escolas, um clima de trabalho, os processos de tomadas de decisão, as relações de poder nas instituições de ensino, uma ênfase nas necessidades reais dos professores, partindo-se delas, os projetos de formação coletiva nas escolas, etc. –, todos apresentando-se como elementos fundamentais de um modelo de formação centrado nos professores e em suas situações problemáticas contextuais. Sendo assim, a formação deve levar em conta que, mais do que atualizar um professor e ensiná-lo, cria as condições, elabora e propicia ambientes para que os docentes aprendam.

Toda a experiência acumulada na formação de professores mostra-nos que a crise do assessor-formador-solucionador educativo na formação continuada de professores já está aberta, apesar de sua longa tradição na prática formadora.

As consequências dessa profunda mudança só terão lugar quando a formação deixar de ser um espaço de "atualização" e passar a ser um espaço de reflexão, formação e inovação, permitindo a aprendizagem docente. Isso implica, por parte dos formadores e das políticas de formação, uma visão diferente do que seja a formação, do papel dos professores nesta, e, portanto, uma nova metodologia de trabalho com eles.

Além disso, os formadores ou assessores deveriam se constituir como uma equipe pedagógica em uma escola de formação de professores integral, que desse assessoria aos serviços educacionais de um país, apoiando os professores e as instituições de ensino.

O QUE FAZER NA PRÁTICA DA FORMAÇÃO?

Formadores ou assessores colaborativos ou de processo

A assessoria como um tipo de facilitador, acompanhante ou amigo crítico na apropriação do conhecimento.

O formador de processo caracteriza-se por colocar os professores em situações de participação, por estimular sua criatividade e capacidade de regulá-la segundo os efeitos e por confiar na capacidade docente de elaborar itinerários educativos diferenciados, projetos de inovação e práticas alternativas.

Este tipo de formador compromete-se com a prática dos outros, envolve-se em empreendimentos inovadores, respeitando as práticas educacionais em que ele próprio pode experimentar e aprender com os demais. É um formador prático, que dispõe de diversas ferramentas de formação de caráter aberto, como por exemplo, planos de projetos, bibliografias, experiências, etc. É um gerador de dinamismo grupal, adaptando-se a diversas situações.

O Quadro 8.1 apresenta uma comparação entre este tipo de formador/assessor e o assessor acadêmico ou especialista.

Criação de centros de formação de professores integrais

A partir de meados do século XX, uma das ações políticas majoritárias em todos os países foi a criação de cursos de formação de professores, de desenvolvimento profissional. Isso implicava uma descentralização da formação e a existência de indivíduos especializados nas instituições educacionais, para auxiliar nas políticas de formação continuada. Atualmente, em minha opinião, esse modelo continua sendo válido, apesar das críticas que vem recebendo, embora seja certo que necessita de uma profunda revisão, para alterar o que não tem funcionado e reestruturar, de acordo com os novos tempos, o que, sim, funcionou.

Acredito que uma das mudanças que beneficiaria as políticas e as práticas da formação continuada seria transformar e continuar criando instituições de formação próximas dos professores. Porém, a experiência nos tem demonstrado que tais instituições deveriam reunir todos os serviços educacionais de uma região, para, assim, estabelecer uma coerência nas políticas dos professores e poder oferecer ajuda e acompanhamento à formação, mediante assessores formados especificamente como assessores de processo, colegas acompanhantes ou amigos críticos.

QUADRO 8.1

Formador/Assessor Acadêmico ou Especialista	Formador/Assessor Colaborativo ou de Processo
Espera que os professores confiem em seus conhecimentos e sabedoria superiores para identificar, esclarecer e resolver seus problemas.	Colabora com os professores na identificação das necessidades formadoras, no esclarecimento e na resolução de seus problemas.
Realiza uma comunicação unidirecional. Os professores não sabem; o assessor, sim. Enquanto este fala, os professores escutam e obedecem, podem perguntar, mas dificilmente questionar.	A empatia, o trabalho em grupo e a comunicação com os professores são bidirecionais e extremamente importantes para se compreender as situações a partir de seu ponto de vista.
Entende e coordena as situações em que se encontra, exclusivamente em termos de categorias de conhecimento especializado.	A prática profissional baseia-se em uma compreensão holística das situações educacionais.
O juízo profissional do assessor baseia-se mais em um estereótipo intuitivo do que na reflexão das situações reais. Sua perspectiva é a única realmente válida.	O juízo profissional é um produto da autorreflexão de todos. Este é o meio de superar os juízos e as respostas estereotipadas.
As mudanças aparecem de vez em quando e podem ser planejadas. Tem sentido em uma sociedade concebida como estável e invariável.	A mudança social e educacional sempre é possível, embora, às vezes, seu planejamento seja bastante complicado. Tem sentido em uma sociedade dinâmica, imprevisível e baseada na mudança.
Atua como fonte especialista de conhecimento pertinente.	Participa de um processo colaborativo de resolução de situações problemáticas.
A aquisição do conhecimento proposicional ("saber que") e o desenvolvimento da competência profissional são dois processos diferentes. O primeiro pode ser adquirido fora do trabalho, enquanto o segundo apenas pode ser desenvolvido a partir da experiência direta.	A aquisição do conhecimento pertinente e útil não pode ser separada do desenvolvimento da competência profissional, concebida esta como um conjunto de capacidades de atuação prática em situações sociais e educativas complexas e imprevisíveis.

Como a sociedade e a educação, a formação deve se basear na complexidade

9

A tarefa docente sempre foi complexa, mas nas últimas décadas tal complexidade aumentou muito. A formação deve deixar de trabalhar a partir de uma perspectiva linear, uniforme e simplista, para introduzir-se na análise educativa a partir de um pensamento complexo, a fim de revelar as questões ocultas que nos afetam e, assim, tomar decisões adequadas.

> *Vejamos um exemplo muito simples. Vamos supor que eu sonho com um homem, simplesmente a imagem de um homem... e logo, imediatamente, sonho com a imagem de uma árvore. Ao despertar-me, posso dar a esse sonho tão simples uma complexidade que não lhe pertence: posso pensar que sonhei com um homem que se converte em árvore, que era uma árvore.*
> (Jorge Luis Borges. "O pesadelo" *Sete noites*, p.222)

A mudança em qualquer pessoa nunca é simples, consequentemente, a mudança que se pede aos professores na formação não é simples, mas, sim, um processo complexo (embora, às vezes, uma certa simplificação pode ser necessária de forma relativa[1]). É complexo, porque se trata de uma mudança nos processos que estão incorporados, como o conhecimento da matéria, da didática, dos estudantes, dos contextos, dos valores, etc., que estão ancorados na cultura profissional que atua como filtro para interpretar a realidade. Para mudar uma cultura tão arraigada na profissionalização docente, aprendemos que isso requer: tempo (para as mudanças culturais não vale curto prazo nem pressa); uma base sólida (a incerteza, embora seja melhor que a certeza, pode ser uma má conselheira às vezes); uma adaptação à realidade dos professores (à forma de ser, mas também aos contextos, às etapas, aos níveis, às disciplinas, etc.); um período de experimentação e integração para a mudança, ou seja, experimentá-la na prática diária e deixar que se integre, interiorize, nas próprias vivências profissionais. Enfim, esse é um processo com altos e baixos, sinuoso, complexo.

MUDANÇAS NO CONTEXTO EDUCACIONAL E FORMADOR

Um dos mitos na profissão docente é que "ensinar é fácil". No entanto, ensinar sempre foi difícil, e a cada dia essa dificuldade vem aumentando, sendo até arriscada em alguns lugares. Os avanços da ciência, da psicopedagogia, das estruturas sociais, a influência dos meios de comunicação de massa e os novos valores, entre outros, repercutem em uma profissão que se sente incômoda em uma base de incertezas e mudanças, já que a formação, até agora, não se ocupou disso. São velhos e novos desafios que continuam fazendo que a educação seja difícil e, nos novos tempos, mais complexa. A complexidade aumentou em decorrência do contexto. Quando falamos de contexto, estávamos nos referindo tanto a lugares concretos, instituições educacionais, quanto a fatores que caracterizam os ambientes sociais e de trabalho.

Na formação, múltiplos fatores influenciam, como, por exemplo, a cultura e a complexidade das instituições de ensino, a comunicação entre os professores, a formação inicial recebida, a complexidade das interações da realidade, os estilos de liderança escolar, as relações e a compreensão por parte da comunidade escolar, as relações e os sistemas de apoio da comunidade profissional, etc. Nesse cenário complexo, as situações problemáticas que aparecem não são somente instrumentais, já que obrigam o educador a elaborar e a construir o sentido de cada situação (Schön, 1992) – que muitas vezes é única e não se repete.

A profissão docente sempre foi complexa por ser um fenômeno social, pois em uma instituição de ensino e em uma sala de aula é preciso tomar decisões rápidas, para responder às partes e ao todo, à simplicidade ou à linearidade aparente daquilo com que se depara e à complexidade do ambiente que preocupa. Mas, como o trabalho educacional esteve muito influenciado pela racionalidade técnica, pela inútil busca do que seja uma "ciência" como outras (por isso seu empenho em denominá-la "Ciências da Educação"), durante o século XX, deixou-se dominar pela razão, pela busca de objetivos independentemente do que se fazia, esquecendo a emoção e a subjetividade – questão que trataremos no próximo capítulo.

A complexidade docente

Essa crescente complexidade social e formadora faz que a profissão docente e sua formação se tornem, de maneira correspondente, mais complexas, superadoras do interesse estritamente técnico aplicado ao conhecimento profissional, em que os professores estão ausentes, já que se convertem em um instrumento isolado e mecânico de aplicação e reprodução, cujas competências são apenas de aplicação técnica. Isso causa um distanciamento profissional, uma falta de profissionalização, uma incompreensão dos fenômenos sociais e educacionais, que, por sua vez, implicam uma despreocupação e inibição relacionados aos processos de mudança, uma ausência de compreensão e interpretação do trabalho docente, até se chegar em um "autismo" pedagógico, que afasta os professores da realidade que os rodeia.

Reconhecer a complexidade do pensamento e da prática docente significa aceitar que a educação, como fenômeno social, é uma rede aberta; que essa abertura faz com que, às vezes, se tomem decisões sem reflexão prévia, de forma intuitiva; que promover uma formação que facilita a reflexão e a intuição pode fazer com que os professores sejam melhores planejadores e gestores do ensino-aprendizagem e, por que não, agentes sociais, que podem intervir, além disso, nos complexos sistemas éticos e políticos da estrutura social e laboral. Mas o que é complexo na profissão docente?

> Reconhecer a complexidade do pensamento e da prática docente significa aceitar que promover uma formação que facilita a reflexão e a intuição pode fazer com que os professores sejam melhores planejadores e gestores do ensino-aprendizagem e melhores agentes sociais, que podem intervir, além disso, nos complexos sistemas éticos e políticos da estrutura social e laboral.

A complexidade, segundo Morin (2001), apresenta-se com os traços inquietantes daquilo que está emaranhado, confuso, desordenado, ambíguo, incerto, como a mistura de ordem/desordem/interação/organização com a dissolução destes elementos. Isso nos obriga a navegar por um ensino das certezas e incertezas, a enfrentar os riscos, o inesperado, o incerto. Esta reflexão de Morin sobre o processo de ensinar mostra-nos a complexidade das ações educativas e ajuda-nos a entender uma educação que, contrariamente à linearidade do pensamento educacional (embora sempre haja antagonismo e complementariedade entre o simples e o complexo), apresenta verdadeiros problemas quanto à incerteza, ao indizível, à unificação e às conquistas, sendo estes últimos uma pretensão sempre presente quando se formam os professores. Entender o mundo segundo a complexidade significa compreender as relações entre os diversos fenômenos e, ao mesmo tempo, cada elemento em si mesmo.

Lipman (1997) diz-nos que o **pensamento complexo** é aquele que é consciente de seus pressupostos e implicações, assim como das razões e evidências em que se apoiam suas conclusões. Portanto, a introdução do pensamento complexo na formação obriga-nos a analisar a metodologia, os procedimentos e os pontos de vista próprios, para evitar a parcialidade e o autoengano. O pensamento complexo e o pensamento crítico aparecem juntos, quando analisamos as políticas e as práticas de formação e sua influência no contexto, mediante processos de reflexão e pesquisa.

> A introdução do pensamento complexo na formação obriga a analisar a metodologia, os procedimentos e os pontos de vista próprios, para evitar a parcialidade e o autoengano.

Introduzir-se na complexidade a partir da perspectiva da formação significa não buscar respostas, mas, sim, ver os novos desafios. Conforme diz Morin (1999) quando afirma:

A complexidade necessita de uma estratégia (...) O pensamento simples resolve os problemas simples, sem problemas de pensamento. Por exemplo, ter a capacidade de se organizar como coletivo em redes de troca e de boas práticas. Também queria fazer constar que dar resposta à complexidade educativa não significa a desordem, o asceticismo e o relativismo de que tudo vale, nem que a complexidade nos deixa nus de ordem, de valores ou de normas, como alguns apologistas da pós-modernidade insinuam.

Morin (1996, 1999), ainda, fala-nos de diversos princípios da complexidade[2], sua análise pode nos dar pistas para uma melhor formação dos professores, considerando complexo esse pensamento que atualmente abarca a realidade. Dos diferentes princípios, destacamos aqueles que nos permitem tirar conclusões em relação à formação docente:

O princípio dialógico

O princípio dialógico mostra a necessidade de colaboração entre a ordem e a desordem, para compreender a unidade na diversidade: "Ordem e desordem são dois inimigos: um suprime o outro, mas, ao mesmo tempo, em certos casos, colaboram e produzem a organização e a complexidade. O princípio dialógico nos permite manter a dualidade no seio da unidade" (Morin, 1996, p.106). O dialógico na formação leva-nos a analisar os diversos princípios que nos fazem entender a realidade educacional, embora seus fenômenos sejam antagônicos. Isso ocorre porque a educação tem lógicas contraditórias, que são vivenciadas em uma relação antagônica, mas complementária, pessoa-profissão, e porque também nos permite uma ruptura com a vida cotidiana. O princípio dialógico está presente na relação conflito-harmonia com o contexto, ou seja, na forma em que se concebe o professor, seja como educador seja como instrutor. Mas o dialógico não é desordem, mas, sim, fomento da criatividade mais além dos recursos técnicos.

> O dialógico ajuda a entender a contradição como parte da compreensão da realidade educacional e profissional.

O dialógico ajuda-nos a entender a contradição como parte da compreensão da realidade educacional e profissional. Assim, o respeito à diferença aparece como elemento importante para se ver a unidade a partir da diversidade.

O princípio recursivo ou de recursividade

Este princípio concebe os processos como produzidos e produtores, o que faz com que se supere a relação causa-efeito e essa passe a ser um caso particular. Podemos citar um exemplo: "A sociedade é produzida pelas interações entre os indivíduos, mas a sociedade, uma vez produzida, retroage sobre os indivíduos e os produz" (Morin, 1996, p.107). Este princípio permite-nos analisar a formação como um processo sempre inacabado, em que os professores não aprendem apenas nela, mas também no ambiente em que interagem. É o princípio que nos ajuda a desenvolver a auto-organização e as redes de trocas como interação entre sujeitos. Os professores trabalham na educação, e a educação formal não é realizada sem os professores. Assim, o docente converte-se em produtor e produto em uma relação de complexidade necessária, em que não importam os processos nem os tempos, mas, sim, os produtos que se inter-relacionam e que são interdependentes.

> O princípio recursivo ou de recursividade concebe os processos como produzidos e produtores, o que faz com que se supere a relação causa-efeito e essa passe a ser um caso particular.

O princípio hologramático

Segundo este princípio, "não somente a parte está no todo, mas o todo está na parte" (idem, p.107). Ele nos diz que nem tudo se pode reduzir às partes. Quando o professor trabalha, não pode fazê-lo sem atender às preferências, às tendências, tratar de satisfazer seus alunos. Ademais, os professores são um reflexo da sociedade que os envolve.

> Segundo o princípio hologramático, quando o professor trabalha, não pode fazê-lo sem atender às preferências, às tendências, tratar de satisfazer seus alunos. Ademais, os professores são um reflexo da sociedade que os envolve.

O princípio de autonomia/dependência

"Toda organização necessita de uma abertura relativa do sistema e de um relativo fechamento". É preciso que a formação transite em direção a uma abordagem mais transdisciplinar. É necessária uma formação que facilite a capacidade de reflexão sobre o que se faz, já que isso põe em evidência aquilo que se acredita e se pensa, e que dote os professores de instrumentos ideológicos e intelectuais, para que possam compreender e interpretar a complexidade em que vivem.

> Toda organização necessita de uma abertura relativa do sistema e de um relativo fechamento.

RESUMO

Ao nos situarmos no paradigma da complexidade, estamos propondo uma nova forma de pensar e repensar a educação. A formação deve propor um processo que capacite os professores para aprenderem a aprender, mas também para aprenderem a desaprender com comunicação, autoanálise e regulação própria, mediante conhecimentos, habilidades e atitudes, a fim de desenvolver profissionais inquietos e inovadores; que aprendam com seus acertos e erros. Para conseguir isso, é fundamental o desenvolvimento de instrumentos intelectuais que facilitem as capacidades reflexivas sobre a própria prática docente e cuja principal meta seja aprender a interpretar, compreender e refletir sobre o ensino e a realidade social de forma comunitária. A criação de redes, o questionamento, a pesquisa e o desenvolvimento do pensamento crítico nos ajudarão a compreender a complexidade.

NOTAS

1. Edgar Morin (1983) diz-nos que a complexidade é a união da simplicidade e da complexidade; é a união dos processos de simplificação, que implicam seleção, hierarquização, separação e redução, com os outros contraprocessos que implicam a comunicação, a articulação daquilo que está desassociado e distinguido. É escapar da alternativa entre o pensamento redutor, que não vê mais do que os elementos, e o pensamento global, que não vê mais do que o todo.
2. Morin (1999, p.98-101) descreve sete princípios de pensamento que servem de guia para a ação:

   - O princípio sistêmico ou organizativo (ou de construção em movimento) "que une o conhecimento das partes com o conhecimento do todo".
   - O princípio hologramático das organizações complexas: "a parte está no todo, mas também o todo está inscrito em cada parte".
   - O princípio do anel retroativo ou retroalimentação: "a causa atua sobre o efeito e o efeito sobre a causa".
   - O princípio de recursividade organizacional: "os produtos e os efeitos são em si mesmos produtores e causadores daquilo que os produz".
   - O princípio de autonomia-dependência (autoecorganização): "os seres vivos [...] gastam energia para manter sua autonomia. Como necessitam encontrar a energia, a informação e a organização em seu meio ambiente, sua autonomia é inseparável desta dependência".

- O princípio dialógico: "a dialógica entre a ordem, a desordem e a organização, por meio de inumeráveis inter-retroações, está em constante ação [...] O pensamento deve assumir dialogicamente dois termos que tendem a excluir-se entre si".
- O princípio de reintrodução de todo conhecimento: "todo conhecimento é uma reconstrução/tradução que uma mente/cérebro faz em uma cultura e em um tempo determinados".

O QUE FAZER NA PRÁTICA DA FORMAÇÃO?

Redes de formação e de auto-organização

A rede de formação deve ser entendida como uma organização entre sujeitos que interagem de forma pessoal e profissional, compartilhando o que pensam, de forma autônoma, não burocrática, em que se compartilha a liderança e se valoriza a contribuição do outro.

Criar redes como espaços de discussão, busca, problematização (comunidades de prática); participação (comunidades de aprendizagem); investigação (comunidades de pesquisa); formação (comunidades formadoras) e reflexão, cuja finalidade seja a construção de práticas que permitam refletir e pesquisar sobre a educação e a sociedade.

A transdisciplinaridade como processo de formação

A transdisciplinaridade flexível entre professores de diversas disciplinas, além das estruturas disciplinares, sem suas conotações "científicas" tradicionais, favorecerá a produção de um novo conhecimento educativo em redes de conhecimento, formais ou informais, que nos ajudarão a abordar os problemas do ensino e a superar as contradições constantes entre teoria e prática. Dessa forma, a dinâmica do conhecimento e sua complexidade serão analisadas de forma flexível. A transdisciplinaridade permite-nos uma maior relação de cooperação e integração de diferentes pontos de vista, mas não nos permite dar soluções simples ou simplistas, na formação, a problemas que são complexos.

A formação continuada de professores deve assumir o desenvolvimento das atividades[1] e das emoções

A cultura profissional dos professores esteve cheia de distanciamento, de frieza e ocultação das emoções e da naturalidade do ser humano, o que refletiu no trabalho conjunto dos professores com os alunos. A formação deve ser mais atitudinal no seu processo e na sua metodologia, permitindo mostrar as diferentes emoções, a fim de que os professores melhorem a comunicação, convivam nas instituições educacionais e transmitam essa educação aos alunos.

Contra os valores afetivos não valem razões, porque as razões não são nada mais que razões, isto é, nem sequer a verdade.

(Miguel de Unamuno)

Para motivar a formação continuada, é necessário gerar uma motivação intrínseca relacionada à tarefa de "ser professor ou professora", ação que é muito mais difícil, se os docentes se encontram imersos em um ambiente de desmotivação e passividade, educacional ou ideológica. Se os professores estão desmotivados, é preciso encontrar mecanismos para a motivação extrínseca, como, por exemplo, permitir que trabalhem com mais qualidade, que se aprofundem na matéria, encontrem-se consigo mesmos para melhorar a autoestima, realizem-se profissionalmente, etc. Também se observa a ausência de uma motivação relacionada com a autoestima. A motivação é muito baixa às vezes, pois os professores valorizam pouco o seu lugar de trabalho e têm poucas expectativas de bem realizá-lo. O professor pode se perguntar: Como vou participar da formação com essas condições? Para quê? Além disso, muitas vezes eles têm um grave problema: não estão em harmonia com a realidade tal como ela é. Porém, para a administração educacional, a situação é ainda mais grave, porque os professores também não estão em harmonia com ela, e embora esta olhe para outro lado atenuando o problema, ele existe e se agrava dia após dia. Talvez a administração esteja buscando ou dando soluções simples e lineares a problemas complexos ou não saiba que resposta se deve dar.

REFORMAS, PROFESSORES E MUDANÇA

As instituições educacionais parecem desorientadas devido às múltiplas ordens que recebem, ao excesso de responsabilidade e à análise crítica de que são objetos.

As reformas sucedem-se umas às outras e são uma amostra de nossa incapacidade de criar sistemas suficientemente flexíveis, para se autorrenovar de maneira paulatina e se adaptar ao meio social de forma constante. De fato, quanto mais extensa, profunda e radical é uma reforma, mais evidente é o fracasso ou a obsolescência do sistema anterior. Enquanto isso, quantos alunos "pagaram" pela falta de planejamento? Quantos professores ficaram à margem, cansados de esperar, ou foram vítimas de esperanças frustradas?

Todas as reformas educacionais resultam sempre em um debate sobre a formação dos professores, seja esta inicial ou continuada, já que se parte do princípio elementar de que não é possível mudar a educação sem modificar os procedimentos de formação dos professores. A experiência demonstra que isso em parte está certo, pois para mudar a educação é preciso também incidir sobre os contextos, como metodologias, avaliação, comunicação e participação, entre outros.

No entanto, se apenas pensarmos que a formação é necessária, esquecendo os demais elementos, o debate sobre a formação dos professores limita-se a tentar mudar os indivíduos, seus conhecimentos, seus hábitos, sua forma de agir. Nesse sentido, deparamo-nos com professores mais informados e, muitas vezes, mais entediados, mas nada mais do que isso.

As emoções dos professores

Os processos de mudança são elementos condicionantes do ambiente sociopolítico e econômico, no qual encontramos uma longa crise das instituições sociais e familiares em relação aos processos e às finalidades educacionais. Os processos de mudança estão imersos em um ciclo cheio de incertezas, como comentávamos anteriormente, de vertiginosas mudanças e de discursos simbólicos sobre a importância da educação (não tanto do sistema educacional). Isso em uma época na qual, definitivamente, as instituições educacionais parecem desorientadas devido às múltiplas ordens e informações que recebem, ao excesso de responsabilidade que se deposita nelas e, como consequência, em decorrência da análise crítica de que são objetos pelos resultados obtidos. Uma época em que a distância daquilo que acontece fora das instituições de ensino pode ser cada vez maior, caso não aconteça um debate sobre a grande transformação que os sistemas educacionais devem realizar em seu processo de socialização, compartilhada da infância e da adolescência.

Vivenciamos uma época que consiste em um final de ciclo, em que os professores devem lutar para encontrar o equilíbrio entre as forças em conflito dentro do contexto de seus próprios objetivos, das experiências da comunidade e das necessidades dos alunos.

> O dilema do professor consiste em encontrar um equilíbrio entre fatores, tais como o fracasso escolar, o trabalho com toda a classe, com grupos pequenos, a atenção individual, o tempo dedicado aos objetivos das diferentes disciplinas, as questões cognitivas e afetivas, a extensão e profundidade dos conteúdos, as decisões dos professores, as decisões conjuntas, as decisões dos alunos, a atenção absoluta e a falta de atenção, os critérios oficiais de avaliação e seus próprios critérios, as necessidades dos indivíduos e do grupo. (Kepler, 1999)

Enfim, vivemos uma época de importância do trabalho em grupo, dos vínculos afetivos entre os professores, das decisões coletivas, da participação de outros setores sociais no campo da educação. Esse ciclo educacional apresenta uma grande desordem, devido à diversidade dos alunos, à realidade social dos adolescentes e ao pouco apoio das administrações educativas. Assim se configura todo um problema que provoca a desmotivação, o desinteresse e a angústia, quando não a desesperança, o abandono do compromisso e a depressão. Talvez uma possível solução para isso seja o compartilhamento de critérios comuns entre os que trabalham nas instituições de ensino (não sendo apenas os professores), uma maior autonomia compartilhada (não confundindo com desregularização), e uma formação do sujeito docente nas atitudes e emoções.

A formação em atitudes (cognitivas, afetivas e comportamentais) ajuda no desenvolvimento pessoal dos professores, em uma profissão em que a fronteira entre o profissional e o pessoal está difusa. Ademais, favorece uma melhoria das relações entre os docentes e deles com os alunos, bem como a revisão das convicções e crenças sobre a educação e o contexto social, já que as atitudes são processos de pensar, sentir e atuar em consonância com os valores individuais.

A formação deveria dar importância às emoções dos professores. Hargreaves (2000, p.815) fala-nos das geografias emocionais como formas de aproximação ou distanciamento emocional. Estas se compõem de diversas geografias:

- Geografias socioculturais: as diferenças entre os diversos segmentos da escola tornam a relação estranha.
- Geografias morais: as finalidades da escola não coincidem com as da comunidade.

- Geografias pessoais: as diferenças entre os professores os distanciam.
- Geografias políticas: a hierarquia e as relações de poder impedem uma comunicação e uma relação fluidas.
- Geografias físicas: não existem encontros que possibilitem uma maior relação entre os professores, os alunos e a comunidade.

Os professores necessitam de uma formação que os ajude a utilizar essas geografias emocionais, para assim se estabelecer uma maior relação entre todos aqueles que participam da educação. Uma formação que transcenda os problemas gerais que provocam uma excessiva paixão pela metodologia (pelo modo e não pela razão). Tais problemas foram introduzidos pelas reformas educacionais dos últimos 30 anos do século XX e supõem a formação de gerações de professores mais preocupados com o controle da sala, com as competências e os horários do que com a aprendizagem em si, convertendo-os em policiais ou guardiões de suas próprias aulas e em carcereiros de sua profissão. São necessárias reformas, cujos problemas estejam com a atenção voltada à diversidade, na educação da cidadania, na democracia, no multiculturalismo e no saber trabalhar e se relacionar entre si e com a comunidade, e tudo isso em um contexto em que o "plural" e o "coletivo" estejam presentes na comunicação, na elaboração de projetos, na tomada de decisões, etc.

A formação dos professores junto ao desenvolvimento de atitudes será fundamental. A formação deve ajudá-los a estabelecer vínculos afetivos entre si, a coordenar suas emoções, a se motivar e a reconhecer as emoções de seus colegas de trabalho, já que isso os ajudará a conhecer suas próprias emoções, permitindo que se situem na perspectiva do outro, sentindo o que o outro sente. Enfim, ajudá-los a desenvolver uma escuta ativa mediante a empatia e o reconhecimento dos sentimentos do outro. A formação dos professores deve favorecer, sobretudo, o desenvolvimento da autoestima docente, individual e coletiva.

> A formação dos professores junto ao desenvolvimento de atitudes será fundamental: deve ajudar os docentes a estabelecerem vínculos afetivos entre si, a coordenarem suas emoções, a se motivar, a sentir o que o outro sente (...) e, sobretudo, deve favorecer o desenvolvimento da autoestima docente.

RESUMO

Quanto mais complexa e técnica é uma sociedade, maior é a importância do ser humano e dos vínculos que ele estabelece. A formação não teria que realizar a tarefa tradicional de transmitir o "conhecimento objetivo", mas deveria dar mais importância ao "conhecimento subjetivo" ou, em outras palavras, às atitudes. Isso porque, atualmente, mais que saber ensinar matemática, para citar um exemplo, é necessário assumir um compromisso que vai além do meramente técnico e que compreenda os âmbitos pessoal, colaborativo e social. As atitudes, a deliberação, o trabalho em grupo, a comunicação, a análise dos problemas e dos conflitos e a colegialidade no desenvolvimento pessoal dos professores são fatores muito mais importantes do que o simples estabelecimento de uma formação em aspectos pedagógicos, didáticos e técnicos. Menos noções e mais humanidade.

Isso implica não apenas o questionamento da formação estritamente disciplinar, mas também o planejamento de como tratar outros aspectos na formação: os organizativos, os comunicativos, os mediadores, os éticos, os colegiais, bem como a bagagem sociocultural e outros elementos que, até este momento, não eram incluídos de forma plena na formação.

NOTA

1. Entende-se aqui "atitude" como o sentimento de disposição ou predisposição conseguido e organizado por meio da experiência e que exerce uma influência específica sobre a resposta do indivíduo ao contexto.

O QUE FAZER NA PRÁTICA DA FORMAÇÃO?

- Refletir e compartilhar com os professores as condutas educativas, as realizadas e as desejadas, para motivar o desenvolvimento de novas condutas.
- Potencializar a autoestima e as habilidades sociais.
- "Desangustiar" o docente com técnicas cognitivas (solução de problemas, clarificação de valores, inoculação do estresse*, sensibilização encoberta, etc.).
- Compartilhar boas práticas.
- Desenvolver um comportamento assertivo para se comunicar de forma efetiva.
- Estimular a experimentação de novas práticas educacionais e submetê-las ao debate.
- Potencializar a reflexão do indivíduo sobre si mesmo, valorizando esforços.
- Criar na formação um ambiente adequado para o debate, a troca e para a reflexão.

*Técnica terapêutica que utiliza a fala interior para lidar com situações estressantes.

Epílogo

O porvir está nas mãos dos professores da escola.

(Victor Hugo)

Este livro desenvolve-se em torno de algumas questões recorrentes sobre os professores, a profissão docente e, principalmente, sobre a formação continuada. É como se essas questões fossem resumidas em quatro ideias que fui repetindo ao longo do livro:

- A importância dos professores como sujeitos, de sua identidade, autonomia, etc.
- A importância da colaboração na formação.
- A importância da elaboração de projetos de mudança educativa e comunitária e da formação para apoiá-los.
- A busca de alternativas na orientação, organização e intervenção da formação continuada.

Um fato importante é que a instituição de ensino converte-se em algo mais do que um simples lugar de trabalho de professores e crianças, mas em uma organização complexa, que começa a ser vista como um elemento fundamental para a estruturação do conhecimento sobre o ensino dos professores, de seu desenvolvimento pessoal, profissional e institucional, transcendendo a formação que recebem fora dela. E essa instituição educacional está dentro de um contexto que determina também a forma (as similaridades e as diferenças) de ser da própria organização.

Talvez a mensagem mais importante para mim seja a de que outra formação é possível. Alternativas que abrem janelas por onde entra o ar fresco começam a ser vislumbradas, como a que não se limita a analisar a formação somente como o domínio das disciplinas científicas ou acadêmicas, mas que propõe modalidades em que o papel da formação continuada seja criar espaços nos quais o professor tenha voz, seja escutado e desenvolva processos reflexivos e questionadores sobre os processos educacionais, éticos, relacionais, colegiais ou colaborativos, atitudinais, emocionais, etc. Aspectos que vão além daqueles puramente disciplinares, uniformes, técnicos e supostamente "objetivos", de modo que o professor questione aqueles que, durante muito tempo, permaneceram imóveis ou que estiveram estanques em uma inércia institucional. E, assim, ele também potencializa o aparecimento de novas propostas que podem fomentar um pensamento e um processo de formação novos.

A necessidade de se estabelecerem novos desafios na prática da formação (e de se resgatar os úteis dos velhos) é o que tentei explicar aqui, com maior ou menor sorte, por meio de algumas ideias ou propostas que pretendem abrir essas novas janelas e permitir olhar de forma diferente para a paisagem da formação continuada.

Não levar em conta ideias como a de que a formação deva sempre ser desequilíbrio, desaprendizagem, mudança de concepções e de práticas educativas que estão no seio da idiossincrasia dos professores e do contexto, para assim resolver situações problemáticas, considerando-se problemático o que se dá por certo e assentado o que vem a se chamar **aprendizagem de duplo anel** (Day, 2005), pode fazer com que a formação continuada não funcione e, como consequência, que os professores reduzam sua adesão à formação, diminuam sua motivação e pouco se arrisquem para fazer algo diferente na sala de aula. Espero que este livro, com seus acertos e erros, tenha ajudado para que se assumam mais riscos e para que a formação continuada vá se modificando.

Glossário

ação comunicativa
Processo integrador e participativo para se estabelecer acordos mediante ideias compartilhadas, sendo os indivíduos agentes de sua própria aprendizagem.

aprendizagem de duplo anel
Aprendizagem complexa, também denominada duplo anel ou gerativa. Diferencia-se da aprendizagem tradicional pela importância que se dá à questão da propriedade ou impropriedade das normas. Esta aprendizagem é equivalente à aprendizagem geradora, que enfatiza a experimentação contínua. A aprendizagem de duplo anel avalia os processos atuais e questiona se esta é a melhor maneira de fazer as coisas ou se algumas coisas importantes deveriam ser feitas de outra forma ou, ainda, se deveríamos alterar nossos objetivos e nossas estratégias para alcançá-los.

colegialidade
Processo de trabalho em conjunto, no qual se compartilham ideias, revisando-se a prática educacional e questionando-se a respeito do que se faz.

colegialidade artificial
Colegialidade imposta, obrigatória, regulamentada e controlada pela administração.

comunidade de aprendizagem
Comunidade organizada por todos os agentes que intervêm na educação em um contexto construído por eles. É a comunidade que se envolve em um projeto educacional e cultural próprio, para se educar a si mesma baseada no esforço cooperativo e solidário, em um diagnóstico não apenas de suas carências, mas, principalmente, de suas fortalezas, para, assim, superar as debilidades.

comunidades de prática
Grupos sociais constituídos com o fim de desenvolver um conhecimento especializado, compartilhando-se aprendizagens baseadas na reflexão conjunta sobre experiências práticas.

comunidade formadora
Grupo de professores que busca elaborar um projeto em comum, com a participação de agentes externos à instituição de ensino, mas eles assumindo o protagonismo.

desaprendizagem
Processo individual ou coletivo em que se desestimula o conhecimento obsoleto e enganoso, iniciando-se a busca de novos significados e sentidos.

desenvolvimento profissional
É o desenvolvimento pedagógico, o conhecimento e a compreensão de si mesmo, o desenvolvimento cognitivo, o desenvolvimento teórico e a situação laboral que permitem ou impedem o desenvolvimento de uma carreira docente. Também se define como a tentativa sistemática de melhorar a prática laboral, as crenças e os conhecimentos profissionais, com o propósito de aumentar a qualidade da atividade docente, de sua pesquisa e gestão.

estratégias ou atividades de formação
Ações concretas que se efetivam em sessões formadoras (exposição, estudo de casos, incidentes críticos, simulações, leituras, trabalhos de grupo, etc.)

formação a partir de dentro
Formação realizada na instituição educacional, partindo-se das necessidades e situações problemáticas do usuário da formação e promovendo-se uma repercussão na totalidade dessa instituição. Também se denomina formação em instituição de ensino.

formação continuada de professores
Toda intervenção que provoca mudanças no comportamento, na informação, nos conhecimentos, na compreensão e nas atitudes dos professores em exercício. Segundo os organismos internacionais, a formação implica a aquisição de conhecimentos, atitudes e habilidades relacionadas ao campo profissional.

identidade docente
Conjunto de traços ou informações que individualizam ou distinguem algo e confirmam que é realmente o que se diz que é. Identidade é o resultado da capacidade de reflexão, ou seja, da capacidade do indivíduo de ser objeto de si mesmo. Entende-se como uma organização ou estrutura do conhecimento de um indivíduo sobre si mesmo.
Esta estrutura supõe unidade, totalidade e continuidade. Tal continuidade se forma no transcorrer da vida cotidiana, no constante desempenho de papéis, no interminável processo comunicativo. É uma síntese que nos permite dar sentido à experiência, integrar novas e harmonizar os processos, às vezes contraditórios e conflituosos, que ocorrem na integração daquilo que acreditamos que somos com aquilo que queríamos ser, entre o que fomos no passado e o que somos hoje.

modalidades de formação
Formas que as atividades de formação adotam no desenvolvimento dos processos formadores, devido a alguns traços que se combinam de diferentes formas em cada caso: o modo de participação (individual ou coletivo), o nível (organizadores, "especialistas", assessores, participantes, etc.), o grau de implicação exigido dos participantes e seu maior ou menor grau de autonomia, a dinâmica e a estrutura internas das sessões e as estratégias preferenciais com que são desenvolvidos, por exemplo, cursos, seminários, formação em instituições, etc.

modelos de formação
Proposta para a aprendizagem que compreende um conjunto de hipóteses referidas à origem do conhecimento sobre a prática da formação. É uma norma ou plano que pode ser utilizado para guiar a elaboração de programas de formação. É uma representação da realidade.

necessidade de formação
Termo complexo e de características polissêmicas. É difícil defini-lo com exatidão, podendo ter diferentes definições dependendo do ponto de vista de quem o define, ou seja, de sua ideologia, de seu modo de ver a formação, da escola e dos indivíduos que trabalham nela.

neomiséria ou pobreza endêmica
A importância do contexto na infância e na juventude. Pelo fato de nascer ou viver em um determinado lugar, um indivíduo pode estar condenado à exclusão social.

paradigma ou enfoque conceitual
Marco teórico fundamental de referência ou plataforma conceitual que apoia, sustenta e mantém os supostos teóricos em que se desenvolvem as ciências. É aceito como uma via de pesquisa e de conceituação sobre a realidade.

pensamento complexo
Enquanto o pensamento simplista desintegra a complexidade do real (todo processo de interação humana é complexo), o pensamento complexo integra os modos simplificadores de pensar, mas despreza as consequências mutiladoras, redutoras, unidimensionais e, finalmente, aduladoras de uma simplificação que é o reflexo daquilo que haveria de real na realidade. O pensamento complexo é animado por uma tensão permanente entre a aspiração a um saber não parcelado, não dividido, não redutor, e o reconhecimento do que está inacabado e incompleto de todo conhecimento.

perenialismo
Sinônimo de tradicionalismo. Algo duradouro. Fidelidade às ideias do passado. Ideias conservadoras na educação.

regime de verdade
Cada sociedade produz historicamente os rituais e os mecanismos que permitem aceitar o verdadeiro e rechaçar o falso. A verdade, portanto, não se encontra fora do poder nem carece de efeitos de poder. Deste modo, seu desenvolvimento conduz à política. Foucault (Foucault, 1992, p.189) expressa: "o problema político essencial para o intelectual não é criticar os conteúdos ideológicos que estariam ligados à ciência ou fazer de modo que sua prática científica esteja acompanhada de uma ideologia justa, é saber se é possível constituir uma nova política da verdade. O problema não é mudar a consciência das pessoas ou o que elas têm na cabeça, mas o regime político, econômico, institucional da produção da verdade".

Referências

AA.VV. *La fomación del profesorado*. Barcelona, Caracas: Graó, Laboratorio Educativo, 2003.
AA.VV. *El profesorado*. Barcelona: Praxis, 2004.
ABRAHAM, A. *El enseñante es también una persona*. Barcelona: Gedisa, 1986.
AMADO, J. *Las asesorías del siglo XXI*: preparando el futuro. Valencia: CISS, 1999.
APPLE, M. *Educar "como Dios manda"*. Mercados, niveles, religión y desigualdad. Barcelona: Paidós, 2002.
ATKINSON, T.; CLAXTON, G. (eds.) *El profesor intuitivo*. Barcelona: Octaedro, 2002.
BALL, S.J. "Self and Identity in the Context of Deviance: The Case of Criminal Abortion". In: SCOTT, R.A.; DOUGLAS, J.D. (eds.) *Theoretical Perspectives on Deviance*. New York, London: Basic Books, 2002.
BÁRCENA, F. *La práctica reflexiva en educación*. Madrid: Editorial Complutense, 1994.
BECK, U.; BECK-GERNSHEIM, E. *La individualización*: el individualismo institucionalizado y sus consecuencias sociales y políticas. Barcelona: Paidós, 2003.
BONALS, J. *El trabajo en equipo del profesorado*. Barcelona: Graó, 1996.
BOURDIEU, P. *La distinción*. Madrid: Taurus, 1991a.
_____. *El sentido práctico*. Madrid: Taurus, 1991b.
CARBONELL, J. *La aventura de innovar*. El cambio en la escuela. Madrid. Morata, 2001.
CASTELLS, A. *La galaxia Internet*. Barcelona: Mondadori, 2003.
COCHRAN-SMITH, M.; LYTLE, S. *Dentro/fuera*. Enseñantes que investigan. Madrid: Akal, 2002.
COLECTIVO EL MOLINO. *El centro como ámbito de mejora y de formación del profesorado*. Cartagena: Concejalía de Educación, 1995.
COLÉN, M.T. "Detectar las necesidades de formación del profesorado. Un problema de participación y comunicación". In: *Aula de Innovación Educativa*, 44, p.72-77, 1999.
CUESTA, R. *Felices y escolarizados*. Barcelona, Octaedro, 2006.
DAY, C. *Formar docentes*. Cómo, cuándo y en qué condiciones aprende el profesorado. Madrid: Narcea, 2005.
_____. *Pasión por enseñar*. La identidad personal y profesional del docente y sus valores. Madrid: Narcea, 2006.
DEAN, J. *Supervisión y asesoramiento*: manual para inspectores, asesores, profesorado asesor. Madrid: La Muralla, 1997.
DELANTE, G. *Community*. Comunidad, educación ambiental y ciudadanía. Barcelona: Graó, 2006.
ELBOJ, C.;PUIGDELLÍVOL, I.; SOLER, M. et al. *Comunidades de aprendizaje*. Transformar la educación. Barcelona: Graó, 2002.
ELLIOTT, J. "Improving the quality of teaching through action research". In: *Forum*, 216(3), 1984.

_____. *El cambio educativo desde la investigación-acción*. Madrid: Morata, 1993.
ESCUDERO, J.M.; MORENO, J.M. *El asesoramiento al centro escolar*. Madrid: Comunidad Autónoma de Madrid, 1992.
ESTEVE, J.M. El malestar docente. Barcelona: Laia, 1987.
_____. "El paradigma personal: influjo del trabajo profesional en la personalidad del educador". In: FERRERES, V.; IMBERNÓN, F. (eds.) *Formación y actualización para la función pedagógica*. Madrid: Síntesis, p.131-165, 1999.
FREIRE, A.M. (coord.) *La pedagogía de la liberación en Paulo Freire*. Barcelona: Graó, 2004.
FREIRE, P. *A la sombra de este árbol*. Barcelona: El Roure, 1997.
FOUCAULT, M. *Microfísica del poder*. Madrid: La Piqueta, 1992.
FULLAN, M. *Las fuerzas del cambio*. Explorando las profundidades de la reforma educativa. Madrid: Akal, 2002.
_____. *Los nuevos significados del cambio en la educación*. Barcelona: Octaedro, 2002.
FULLAN, M.; HARGREAVES, A. *¿Hay algo por lo que merezca la pena luchar en la escuela?* Morón: Movimiento Cooperativo de Escuela Popular, 1997.
GARCÍA, J.L. *Formación del profesorado*. Necesidades y demandas. Barcelona: Praxis, 1999.
GARZA, M. de la. *Educación y democracia*. Aplicación de la teoría de la comunicación a la construcción del conocimiento en el aula. Madrid: Visor, 1995.
GIBBONS, M.; LIMOGES, C. et al. *La Nueva Producción del Conocimiento*: la dinámica de la ciencia y la inversión en el sector productivo. Barcelona: Ediciones Pomares, 1997.
GIMENO, J. *Educar y convivir en la cultura global*. Madrid: Morata, 2002.
_____. *La educación que aún es posible*. Madrid. Morata, 2005.
GIROUX, H. *Los profesores como intelectuales*. Hacia una pedagogía crítica del aprendizaje. Madrid: Paidós/MEC, 1990.
GOODSON, I.F. (ed.) *Historias de vida del profesorado*. Barcelona: Octaedro, 2004.
HABERMAS, J. *Teoría de la acción comunicativa*. I. Racionalidad de la acción social. II. Crítica de la razón funcionalista. Madrid: Taurus, 1987.
_____. *La inclusión del otro*: estudios de teoría política. Barcelona: paidós, 1999.
HARGREAVES, A. *Profesorado, cultura y postmodernidad*. Cambian los tiempos cambian los profesores. Madrid: Morata, 1998.
_____. "Mixed Emotions: Teachers' Perceptions of Their Interactions with Students". *Teaching and Teacher education*, 16(8), 2000.
HERNÁNDEZ, F. *Biblioteca básica para el profesorado*: formación del profesorado. Barcelona: Praxis, 1998.
IMBERNÓN, F. *La formación del profesorado*. Barcelona: Paidós, 1994a.
_____. *La formación y el desarrollo profesional del profesorado*. Hacia una nueva cultura profesional. Barcelona: Graó, 1994b.
_____. *La investigación como herramienta de formación del profesorado*. Barcelona: Graó, 2002.
_____. *Vivencias de maestros*. Compartir desde la prática educativa. Barcelona: Graó, 2005.
KELLOG, K. *Learning Communities*. ERIC Digest, 1999. Disponível em: <www.eric.ed.gov>.
KEPLER, K. "Investigación en la enseñanza: implicaciones para los programas de formación del profesorado". In: PÉREZ, A.; BARQUÍN, J.; ANGULO, J.F. *Desarrollo profesional del docente*. Política, investigación y práctica. Madrid: Akal, 1999.
LATORRE, A. *La investigación-acción*. Conocer y cambiar la práctica educativa. Barcelona: Graó, 2005.
LIPMAN, M. *Pensamiento complejo y educación*. Madrid: Ediciones De la Torre, 1997.

LISTON, D.P.; ZEICHNER, K.M. *Formación del profesorado y condiciones sociales de la escolarización*. Madrid: Morata, 1994.
LORTIE, D. *Schoolteacher*: a sociological study. Chicago: University Chicago Press, 1975.
MACEDO, D. *Litteracies of power*. Boulder: Westview, 1994.
MARCELO, C. *Formación del profesorado para el cambio educativo*. Barcelona: EUB, 1995.
MARCELO, C.; LÓPEZ, J. (coords.) *Asesoramiento curricular y organizativo en educación*. Barcelona: Ariel, 1999.
MARTÍNEZ, J. *Trabajar en la escuela*. Profesorado y reformas en el umbral del siglo XXI. Madrid: Miño y Dávila editores, 1998.
MCLAREN, P. "La postmodernidad y la muerte de la política: un indulto brasileño". In: GIROUX, H.; MCLAREN, P. *Sociedad, cultura y educación*. Madrid: Miño y Dávila editores, 1998.
MEC. *Contenidos del currículo*: formación del profesorado. Madrid: Centro de Publicaciones, Ministerio de Educación y Ciencia, 1994. (Em fase de reforma: Educação Fundamental)
MEDINA, J.L. *La profesión docente y la construcción del conocimiento profesional*. Buenos Aires: Magisterio Río de la Plata, 2006.
MELUCCI, A. *Markets, the State and Community*. Oxford: Oxford University Press. In: DELANTY, G. *Community*. Comunidad, educación ambiental y ciudadanía. Barcelona: Graó, 1996.
MONEREO, C.; DURÁN, D. *Entramados*: métodos de aprendizaje cooperativo y colaborativo. Barcelona: Edebé, 2002.
MONEREO, C.; POZO, J.I. (coords.) *La práctica del asesoramiento educativo a examen*. Barcelona: Graó, 2005.
MORIN, E. *Método*. Tomo 2: La vida de la vida. Madrid: Cátedra, 1983.
_____. *Introducción al pensamiento complejo*. Barcelona: Gedisa, 1996.
_____. *La cabeza bien puesta*. Repensar la reforma. Reformar el pensamiento. Buenos Aires: Nueva Visión, 1999.
_____. *Los siete saberes necesarios para la educación del futuro*. Barcelona: Paidós, 2001.
PARRILLA, M. *Apoyo a la escuela: un proceso de colaboración*. Bilbao: Mensajero, 1996.
PÉREZ, A.; ANGULO, F.; BARQUÍN, J. (eds.) *El desarrollo profesional del profesorado*. Teoría, políticas y práctica. Madrid: Akal, 1999.
PÉREZ, M.L.; CARRETERO, M.R.; JUANDÓ, J. *Afectos, emociones y relaciones en la escuela*. Barcelona: Graó, 2001.
PERRENOUD, Ph. *Diez nuevas competencias para enseñar*. Barcelona: Graó, 2004.
_____. *Desarrollar la práctica reflexiva en el oficio de enseñar*. Barcelona: Graó, 2005.
POPKEWITZ, T. (ed.) *Formación del profesorado. Tradición. Teoría. Práctica*. Valencia: Universidad de Valencia, 1990.
PORLÁN, R.; MARTÍN, J. *El diario del profesor*. Un recurso para la investigación en el aula. Sevilla: Díada, 1991.
PORLÁN, R. et al. *La relación teoría-práctica en la formación permanente del profesorado*. Sevilla: Díada, 2001.
"La tarea de enseñar: atraer, formar, retener y desarrollar buen profesorado". In: *Revista de Educación*. Madrid: Ministerio de Educación y Ciencia, 2006. Número monográfico.
RODRÍGUEZ, M.M. *El asesoramiento en educación*. Málaga: Aljibe, 1996.
SACHS, J. *The activist Teaching Profession*. Buckingham: Open University press, 2003.
SCHÖN, D. *La formación de profesionales reflexivos*. Madrid: Paidós/MEC, 1992.
_____. *El profesional reflexivo*. Como piensan los profesionales cuando actúan. Barcelona: Paidós, 1998.

SPARKS, D.; LOUCKS HORSLEY, S. "Models of Staff Development". In: HOUSTON, W.R. (ed.). *Handbook of Research on Teacher Education*. New York: MacMillan, 1990.

STENHOUSE, L. *La investigación como base de la enseñanza*. Madrid: Morata, 1987.

TORRES, J. *La desmotivación del profesorado*. Madrid: Morata, 2006.

TORRES, R.M. "Comunidades de aprendizaje. Repensando lo educativo desde el desarrollo local y desde el aprendizaje". *Simposio Internacional sobre Comunidades de Aprendizaje*, Barcelona, Forum 2004.

VILLA, A. (coord.) *Evaluación de experiencias y tendencias en la formación del profesorado*. Bilbao: Mensajero, 1996.

VILLAR, C.E. (coord.) *La formación de docentes investigadores*. Sevilla: Díada, 2004.

VIÑAO, A. *Escuela para todos*. Educación y modernidad en la España del siglo XX. Madrid: Marcial Pons, 2004.

WENGER, E. *Comunidades de práctica*: aprendizaje, significado e identidad. Barcelona: Paidós, 2001.

ZABALZA, M.A. *Diarios de clase*. Um instrumento de investigación y desarrollo profesional. Madrid: Narcea, 2004.

ZEICHNER, K.M. "Contradicciones y tensiones en la profesionalización docente y en la democratización de las escuelas". In: PÉREZ, A.; BARQUÍN, J.; ANGULO, F. *Desarrollo profesional del docente*. Política, investigación y práctica. Madrid: Akal, 1999.